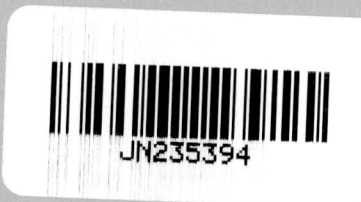

いないいないバァ①（12ページ）

いないいないバァ②（16ページ）

かわいいかくれんぼ①（20ページ）

かわいいかくれんぼ①（20ページ）

かわいいかくれんぼ②（22ページ）

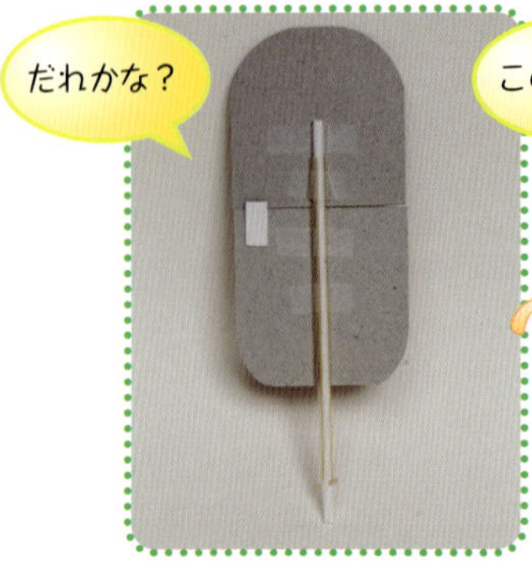

でんでんむし（26ページ）

はばたくチョウ（30ページ）

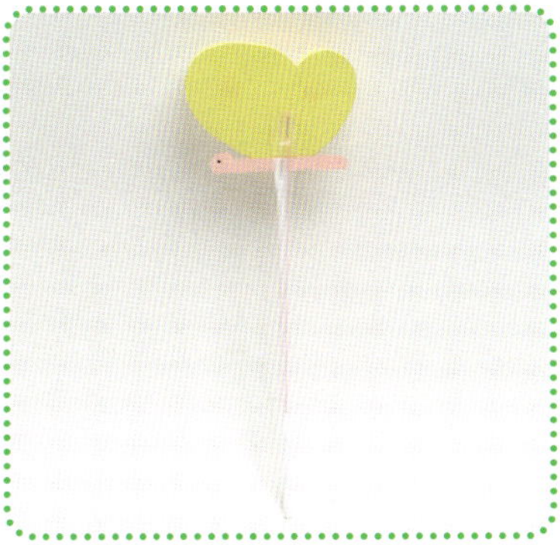

ひらひら
はばたくよ

はばたくカラス（34ページ）

パタパタ
はばたくよ

花開く（38ページ）

つぼみが…

パッと
咲く

チューリップ（42ページ）

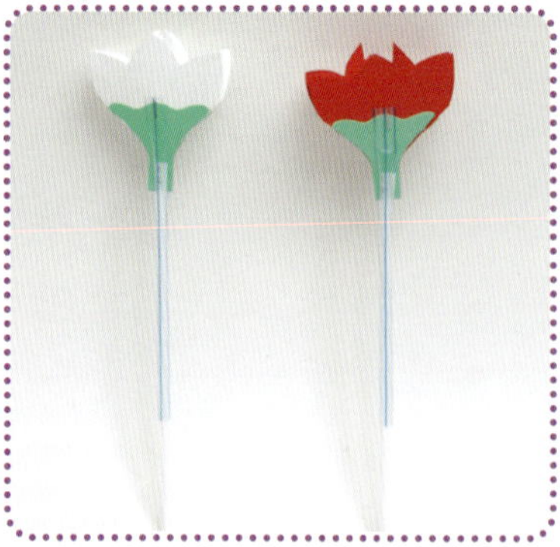

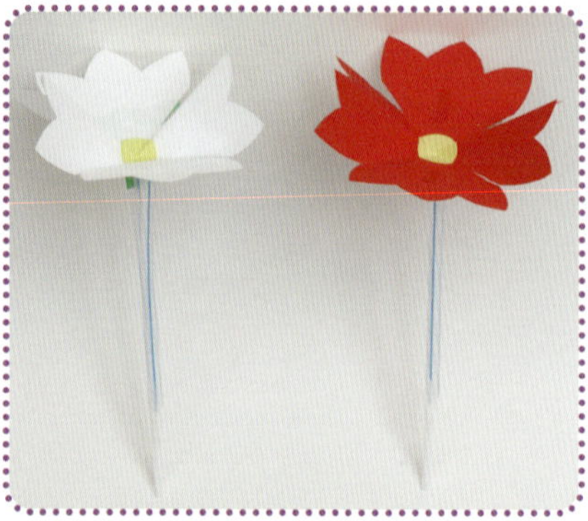

もしもしカメよ（44ページ）

どっちも
がんばれ〜

ケロケロカエル（48ページ）

さあ歌おう

ケロケロ〜♪

のねずみ（52ページ）

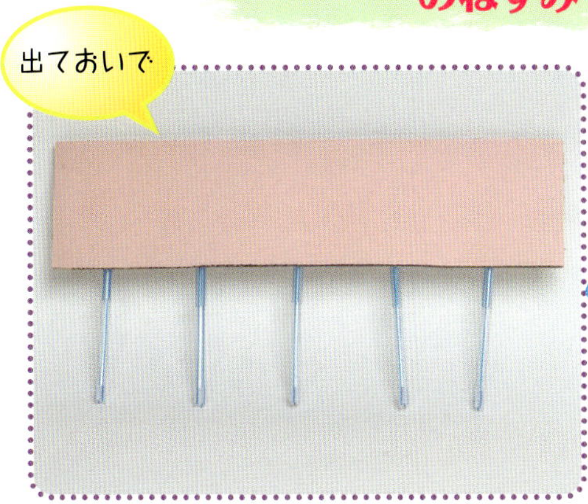

のねずみ（プレゼント用）（56ページ）

こぶたたぬききつね ねこ①（58ページ）

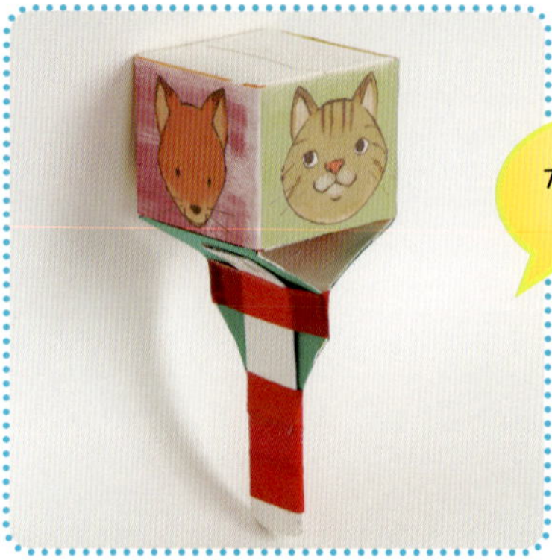

ガラガラ
なるよ

こぶたたぬききつね ねこ②（62ページ）

たまごの中から…（66ページ）

トンボ（70ページ）

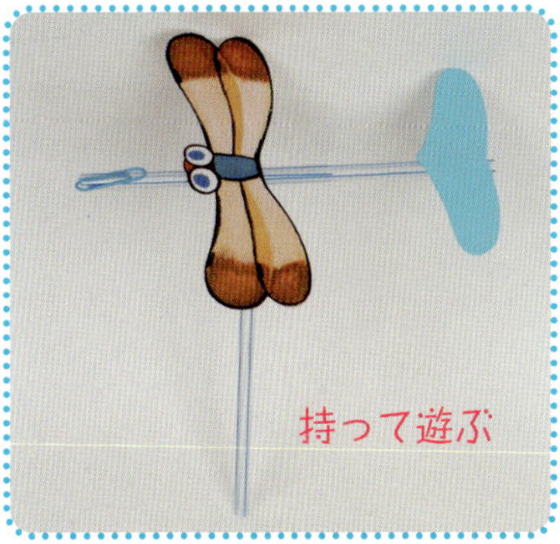

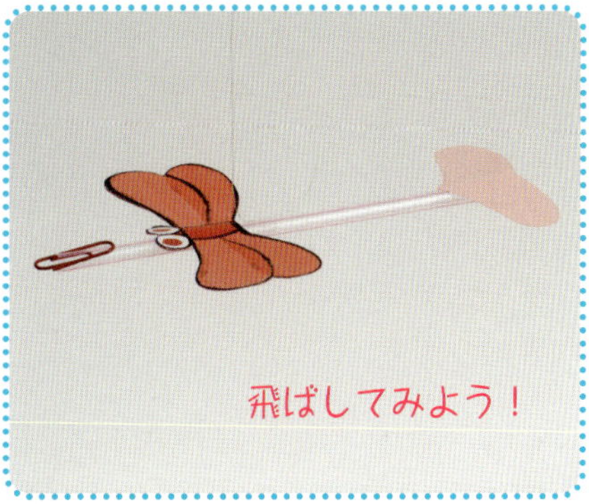

キツネの変身（74ページ）

ねんねんころり（78ページ）

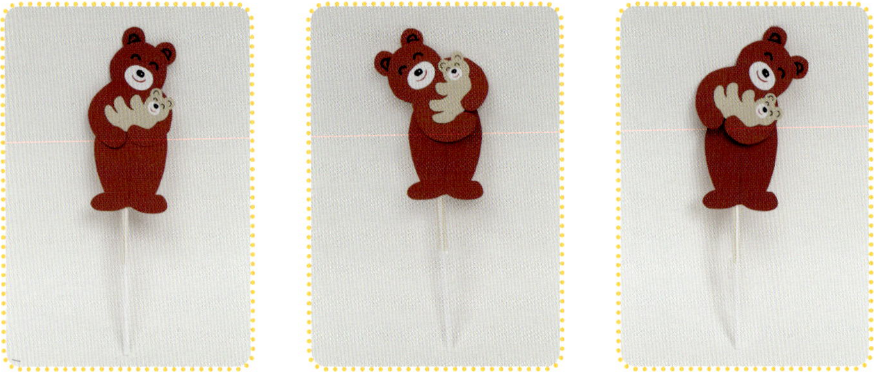

だっこ

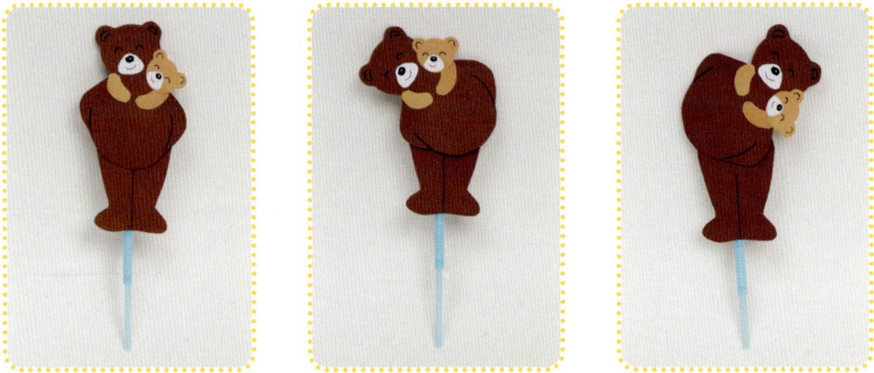

おんぶ

ももたろう（82ページ）

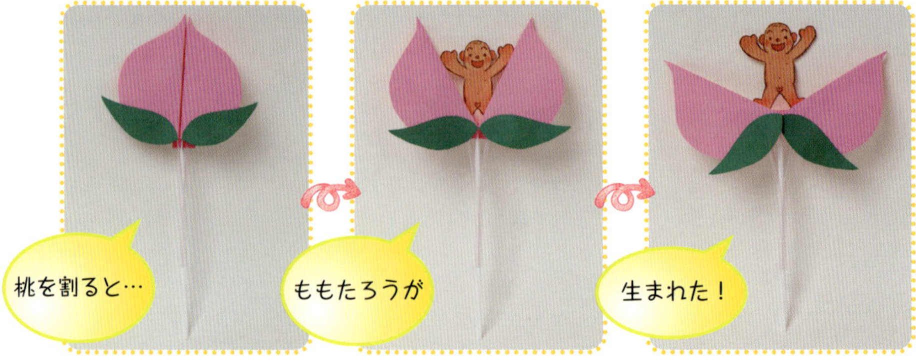
桃を割ると…
ももたろうが
生まれた！

手作りおもちゃ

作って・歌って・話して・あそぶ

おはなし小道具

芳賀　哲・著

協力・藤田浩子

巻末の型紙をご利用ください

絵や設計図を描くのが苦手な方も安心！
コピーして台紙に貼る・写し取るなどすれば、すぐに作れます。
※カラーの型紙はカラーで、モノクロは白黒でコピーしてください。
※倍率を書いていないものは、100%です。

芳賀さんのおもちゃを使って、こんなふうにお話して遊んでいます

藤田　浩子（幼児教育者・語り手）

いないいないバァ

私がよく語る話に「子守泥棒」という話があります。お米を盗みに入った泥棒がお米を袋に入れようとすると、赤ちゃんが「ほぎゃぁほぎゃぁ」と泣き出すので、泥棒は盗みをそっちのけにして、赤ちゃんをあやすという話なのですが、その話の中に「いないいないばぁ」が出てくるので、私は語り終わってから、みんなで「いないいないばぁ」をして遊びます。そんなとき、芳賀さんの作ったいろんな「いないいないばぁ」おもちゃが楽しいのです。

「いないいないバァ①」（12ページ）。布のつもりの色画用紙の後ろから、クマ君が出てくる、サル君が出てくる、ライオンさんまでかわいい顔をして「ばぁ」と出てくると、みんな大喜び。耳の先だけちょっと見せて、「これはだれかな？だれが、ばぁって出てくるかな？」と当てっこをして遊んでも楽しめます。

芳賀さんも12ページに書いていらっしゃいますが、「いないいないばぁ」は赤ちゃんにとって、とても大事な遊びです。大事なのと同時に大好きな遊びでもあります。お母さんがやってあげても、自分がやってみても、お人形がやっても、うれしいようです。

保育園や幼稚園のお誕生会などの催し物で、先生たちがネズミやネコやイヌなどいろいろな顔を描いた「いないいないばぁ」を作って、こんなふうに遊んでも楽しいでしょう。「いないいないばぁ、いないいないばぁ、ネズミさんがやったら　いないいないチュウ！」「いないいないばぁ、いないいないばぁ、ネコさんがやったら、いないいないニャア」「いないいないばぁ、いないいないばぁ、イヌさんがやったら、いないいないワン」……子どもたちはきっと喜んでくれるでしょう。

いないいないばぁ

藤田浩子・作

いないいないばあ
いないいないばあ
イ ヌさんがやっ たらいないいないワン

「いないいないバァ②」（16ページ）。布の陰から出てくるのではなく、ウサギさんが自分の手で「いないいない」をするバージョンは、子どもたちもすぐ真似して同じようにできるので、これも楽しい遊びです。保育士さんたちと一緒に作ったことがありますが、手を正しい位置につけないと目を隠さずにほほを隠したり、片目だけしか隠れなかったり、いろいろでした。

「かわいいかくれんぼ①」（20ページ）。これも一種の「いないいないばぁ」ですが、芳賀さんが紹介されているようにサトウハチローさんの歌に合わせて、使ってみました。4歳ぐらいになると歌に合わせてというのも楽しめるようですが、赤ちゃんはむしろ歌とは別に、「だーれかな、だーれかな、垣根《かきね》の後ろは、だーれかな？」というぐらいで「あ、ヒヨコちゃんでした！」とか「だーれかな、だーれかな、ベンチの後ろは　だーれかな？」「あ、イヌさん！」とやったほうが楽しめるようです。

「かわいいかくれんぼ②」（22ページ）。タヌキさんの「だれかな？」は、半分ずつ現れる手の込んだ人形です。これも一種の「いないいないばぁ」ですが、下半分が見えたところで「だれかなぁ？」と考える—そこがおもしろいところです。でも、そのおもしろさがわかるのは、3歳を過ぎてからでしょうか。回りすぎないようにストッパーをつけるあたりが、芳賀さんのていねいな仕事ですね。

「でんでんむし」（26ページ）。カタツムリのいないいないばぁは、本物のカタツムリを知っている5歳ぐらいの子には、「ばぁ、の出方がおかしい」と言われそうですが、そうなったらそうなったで、「じゃぁ、おかしくない出方ってどうすればいい？」と逆に聞いてみることもできますね。

「はばたくチョウ」（30ページ）。このチョウは、傑作です。私は子どもたちと布遊びをした後（やわらかいスパークハーフやジョーゼットの布などを飛ばしたり吹いたり丸めたりして遊んだ後）、その布でそれぞれの花を作ってもらって、またはこの本にある「花開く」の花を咲かせて、このチョウをひらひらさせながら、それぞれの花に止まりにいきます。もちろん子どもたちの両手を花の形にしてもらって、そこに飛んでいっても楽します。上手に扱える年齢の子なら、子どもたちに１匹ずつ（チョウは正式には１頭と数えますが）渡して、あちこちの花に飛んでいってもらっても楽しいですね。

芳賀さんがこのチョウを数百匹作って、震災後、息子さんの住む気仙沼の小学生に配ったという話を聞きました。芳賀さんご自身だって仙台ですから、被害が大きかったはずなのに、子どもたちのことを気にかける、そこが芳賀さんらしいと思いました。

「はばたくカラス」（34ページ）。私は、芳賀さんに作っていただいたカラスとトンビを使って「トンビとカラス」（『かたれやまんば２集』所収）という話を語ります。一人で２羽は扱えないので、少し工夫して一人で２羽を動かせるようにしました。トンビはゆうゆうとあまり羽を動かさずに、カラスはトンビより動かしますけれど、青い空を飛んでいる雰囲気を出したいと思っています。

「花開く」（38ページ）。これがまた傑作で、まど・みちおさんの「はながさいた」の詩や、「♪おはながわらった」（保富康午作詞・湯山昭作曲）の歌に合わせて開くと、子どもたちだけでなく大人からも「おー！」という声が聞こえてきます。そんなとき、自分のアイディアでもないのに、得意になっている私です。

「チューリップ」（42ページ）は、あの「♪チュウリップ」（近藤宮子・井上武士作詞・井上武士作曲）を歌いながら赤白黄色の花を咲かせると、とてもきれいです。花を開かせた後、子どもたちにはばたくチョウ（30ページ）を持たせて、お花で一休みしてもらうと楽しいでしょう。

「もしもしカメよ」（44ページ）。これは、厚紙も色画用紙も必要ありません。そこらにあるコピー用紙の裏紙でもできる、というところがいいですね。はじめは２匹を向き合わせて、大人が「♪ウサギとカメ」（石原和三郎作詞・納所弁次郎作曲）の歌を歌いながら、またはお話をしながら、「よーい、どん！」で２匹をあおぎ、まずウサギを先にやって、途中でウサギを倒して昼寝をさせ、それからカメを弱くあおいで少しずつ動かします。

お話が終わった後、このおもちゃで子どもたちと一緒に遊びますと、たったこれだけでもずいぶん遊べます。だれかがカメをあおぎ、だれかがウサギをあおいで競争すると、子どもたちは力一杯あおぎますから、すぐにひっくり返ってしまいます。ひっくり返らないように力を抑えながらあおぐのは、中々むずかしいのです。子どもたちは力一杯投げるとか、力一杯蹴るとか、力一杯走るというのは日常の遊びでもよくやっているのですが、コントロールしながら力を出すのはあまりやっていないので、その訓練にもなるでしょう。

「ケロケロカエル」（48ページ）は、１人でやるより、５～６人でやったほうが迫力があります。子どもたちに１つずつ持たせて「♪かえるのうた」（岡本敏明作詞・ドイツ民謡）を歌うと、とても楽しいのです。はじめはカエルを手に持って見せるだけにして歌い出します。最後の「ケロケロケロケロクヮクヮクヮ」というところまできたら、歌う代わりにストローを動かして鳴き声を出します。本当にカエルの声のように聞こえますから、聞いている人たちが驚いてくれます。私の歌「♪げこげこかえる」（『風の子通信100号記念誌』）を使ってくださっても楽しめます。10人ぐらいで紙コップガエルを鳴かせると、かなりにぎやかで、楽しくなります。

げこげこかえる

藤田浩子・作詞・作曲

「のねずみ」（52ページ）は、ストローを裂《さ》くというアイディアがすばらしい。裂くことによって、同じ太さのストローの中を上へ下へと通っていく、しかもずり落ちたりしないのです。この発想、私は「うーん」とうなってしまいました。私はこれを応用して、穴から出るネズミのイメージに近づけて遊んでいます。板を立てて穴ぐらのある土手に見立て、ストローが横向きになるようにして、ネズミの全身の絵を描くのです。すると、ネズミが頭をちょっと出したり引っ込めたり、全部出てきたりいろいろ遊べます。「♪チューチューチュー」（『おはなしお

ばさんの小道具』所収）を歌いながら、ネズミを出したり引っ込めたりしてみました。55ページにある歌「♪のねずみ」でもよく遊びます。

いっぴきちゅ　　　わらべうた

芳賀さんの向き（上向き）で作るなら、ツクシがつんつん出てくるのにいいですね。地面（土台）を緑か茶色にして、ツクシのわらべうたを歌いながらつんつん出していったら子どもが喜びました。芳賀さんのアイディアはいろいろに使えます。もしツクシにするなら、こんなわらべうたはどうでしょう。

つくしんぼ　　　わらべうた

「こぶたたぬききつねねこ」。①（58ページ）は、絵より音を楽しむ赤ちゃんが喜ぶ遊びですが、②（62ページ）は次々と絵が変わっていくおもしろさがわかる２歳半ぐらいからの子どもが喜びます。「♪こぶたぬきつねこ」（山本直純作詞・作曲）の歌を歌いながら遊びます。他のしりとりで遊んでも楽しめます。

「たまごの中から…」（66ページ）。これも一種の「いないいないばあ」ですが、卵の中から出てくるところがいいですね。ニワトリの卵だけでなく、他の動物バージョンで「今度はなにが出てくるかな？」と当てっこ遊びをしながら、ヘビやカメの赤ちゃんが出てきても楽しめます。少し大きい子なら、卵から生まれ出てくる動物と、お母さんのおなかから出てくる動物の話まで発展できるかもしれません。

これで遊んだ後、「♪ころころたまご」（作者不詳、原詩・まど・みちお）を歌ったり、69ページの歌「♪たまごたまご」（作者不詳）を歌ったりしたら楽しいでしょう。

ころころたまご　　　　作者不詳　まど・みちお・原詞

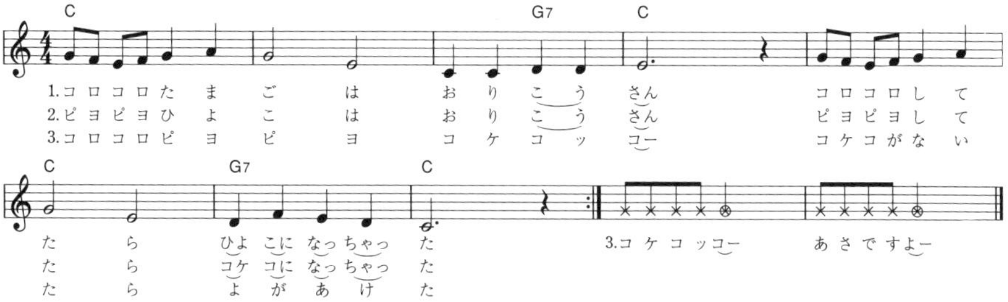

「**トンボ**」（70ページ）は、飛行機型トンボです。トンボが休める台（竿《さお》）までついています。まだ飛ばすのがうまくいかない幼い子でも、この竿の部分を持って走りまわって、楽しんでいました。もっとも、トンボというよりは飛行機のつもりで「ぶーんぶーん」と言いながら走っていましたけど。子どもって走ったり走らせたりするときに、何か音を出したいのでしょうね、ブーブーとかガタンガタンとか。でもトンボは黙って飛びますから、困ってしまったのかな？　「♪とんぼのめがね」（額賀誠志作詞・平井康三郎作曲）を歌ってみましょうか。

とんぼのめがねは　みずいろめがね　あおいおそらを　とんだから
とんだから　　　　　　　　　　　　　　　　　　　（楽譜73ページ）

「**キツネの変身**」（74ページ）。最近のキツネは化《ば》けなくなりましたが、一昔前までのキツネは化けたのです。「♪キツネがね、化けたとさ」（わらべうた）の歌に合わせてめくっていくと、まず黒い影、ここでわかる子もいますけれど、無理なときはヒントを出します。「けろけろけろって、鳴きますよ」とか、「すーいすーいと泳ぎます」とか。そして最後の絵を見せます。タヌキの絵も描いて、タヌキもいろいろに化ければ楽しく遊べます。特に歌を歌わなくても、お話しながらめくっていってもいいのです。ただ、こういう単純な仕掛けおもちゃは語る人の技量でおもしろさが違ってきます。「なにかな、なにかな〜、ほ〜ら、こんな形でね」などと言いながら楽しみましょう。

キツネがね　化けたとさ
いしっころかな　ぼーるかな　いえいえいえいえちがいます（手をグーに）
はさみかな　おはしかな　　　いえいえいえいえちがいます（手をチョキに）
おさらかな　ふろしきかな　　いえいえいえいえちがいます（手をパーに）
おにだとさ　はとだとさ　かにだとさ　コーンコン
（これは手遊びの歌ですが、最後の歌詞（おに・はと・かに）を別のモノに変えて歌っても楽しいでしょう）

この歌を歌いながら遊んだ後は、キツネの化け話「かみそりぎつね」（『化かす騙す』『かたれやまんば２集』所収）・「狐の小僧さん」（『かたれやまんば５集』所収）・法印様と狐（『化かす騙す』『かたれやまんば３集』所収）などにつなげて語れば楽しいでしょう。

「ねんねんころり」（78ページ）。これは、ストローを折り曲げて人形の動きを作る、芳賀さんのアイディアです。すばらしいアイディア！　先日のお話会で、はじまる前に子どもたちが少し騒がしかったのですが、このクマ母さんの人形を静かに動かしながら、静かな声で「ねんねんよ〜おころりよ〜」と歌いはじめたら、子どもたちはすぐ気づいて静かになり、私の歌を聞いていました。「えー！どうやって動かしているの？」と質問をするのは小学生か大人でして、幼い子はじっとその動きを見つめています。首を左右に振って自分もあやしている気分になっている子もいます。しばらく子守唄を聞いてもらってから「赤ちゃんも寝たようだから、ではお話をはじめましょう」と言って語りはじめたのですが、とてもよく聞いてくれました。

☆ 芳賀哲さんは、こんな方です ☆

芳賀さんにはたくさんの「顔」があります。大道芸のピエロの顔、おもしろいおもちゃを次々と考え出し作り上げるおもちゃ研究家で工作士の顔、子どもが大好きで遊ぶのが大好きな顔、そして教育者としての顔、もちろん家族としての顔もあります。

ピエロの大道芸や工作ショーでさんざん私たちを楽しませてくださった後に、話し合いの場を持つと、長年しょうがい児の母子通園施設や児童相談所で働いていらした顔がちらっと出るのです。

「子どもには見守ってくれる人、応援してくれる人の存在が必要です」、「『これ見て』『ねえ聞いて』『だっこして』というようなことはすぐに対応したほうがいいけれど、『これ買って』という物の要求は待たせることが必要です」、「子どもと約束したことは誠実に守るようにしています」――など、私たちの胸にズキンとくるような言葉をさりげなく伝えてくださるのです。

芳賀さんの作品は,、精巧で美しくて芸術品のようですが、芸術品ではありません。おもちゃです。子どもたちが、見せてもらったり、自分で動かしてみたり、はては自分で作ってみたりする「おもちゃ」です。そこが私の好きなところです。作ろうと思えば私にもできるおもちゃなのです（簡単そうにみえてもなかなかむずかしいのですが）。お話を聞くだけでも楽しいし、歌を歌うだけでも楽しいのですが、芳賀さんのおもちゃを１つ使って語ったり、歌ったりすると同じ話でも同じ歌でも、とても楽しくなるのです。

そんな芳賀さんの最近の作品を紹介したのが、この本です。見て楽しんだ後には、ぜひ１つでも２つでも作ってみてください。

もくじ

楽譜（五十音順）

工作が苦手な方に、巻末型紙が役立ちます
カラーコピーを台紙に貼る・モノクロ型紙を画用紙に写し取るなどしてお使いください

いないいないバァ①

型紙は巻末７ページ

※牛乳パック・色画用紙に写し取ってお使いください

準　備

☆牛乳パック（または厚紙）10×15センチ　☆色画用紙（2色）
☆白画用紙　少量　　☆ストロー太⃝（直径6ミリ）1本
☆ストロー細⃝（直径4〜4.5ミリ）1本　☆両面テープ　☆セロテープ
☆木工用ボンド　☆はさみ　☆フェルトペン

「いないいないバァ」は乳幼児にとって、とっても大切な遊びです。だって大好きな人の顔が一瞬消えて、ちょっと不安な気持ちにさせられた後、すぐに笑顔で「大丈夫だよ」と教えてくれるのですから。冒険への第一歩といえるものではないかと思います。

「いないいないバァ」を遊ぶおもちゃはいろいろありますが、簡単で楽しいものを２つ紹介します。

まず、大人と子どもで実際に「いないいないバァ」の手遊びを楽しんでみましょう。その後、こんなおもちゃで遊んでみてはいかがでしょうか。

作品写真は巻頭１ページ

作り方

❶ 牛乳パックの側面の部分（または厚紙）から図のような形を切り取る。

❷ 図の点線㋐に沿って定規を当て、千枚通し（または、はさみの先など）などですじをつけ、山折りの折りぐせをつける。

❸ 裏返して、点線㋑に同様の折りぐせをつける。

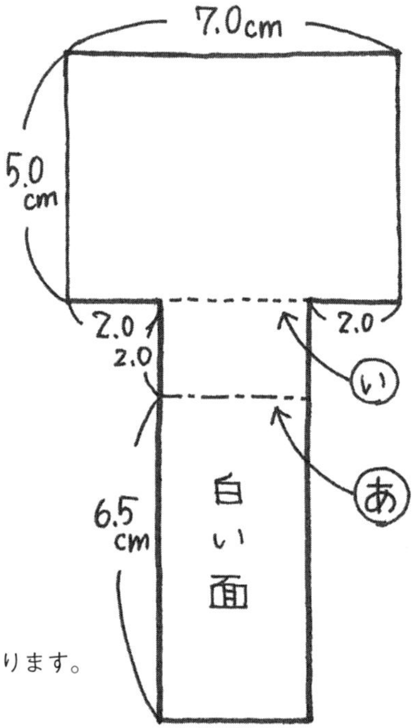

※牛乳パックの白い面が表になります。

❹ 色画用紙と白画用紙を図のように切って、動物の顔・手・マントを作る。

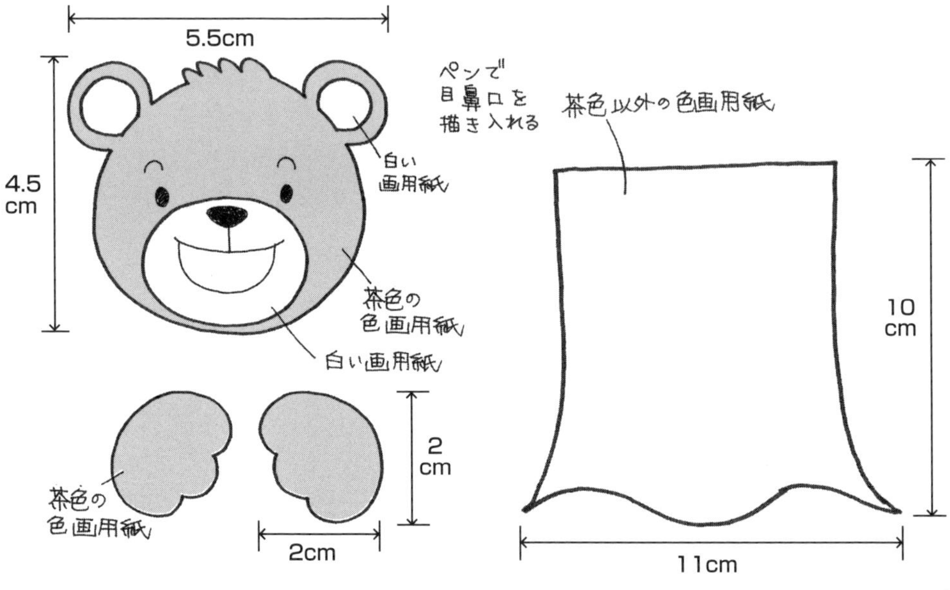

❺ ❸の表面（牛乳パック中側の白い面）に動物の顔をボンドで貼り、まわりを切り落として形を整える。図の位置に両面テープを貼る。

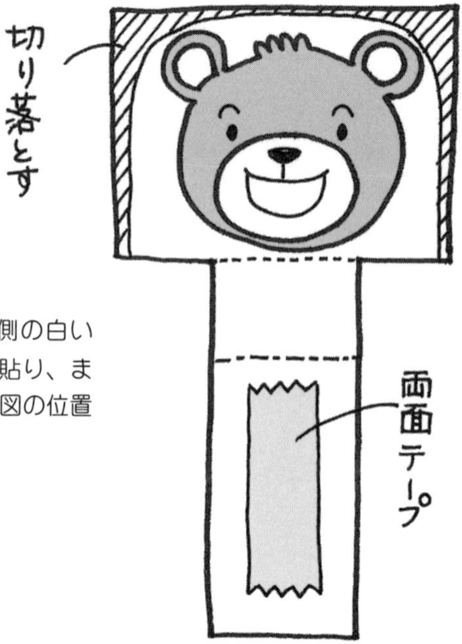

❻ マントの上にボンドで手を貼る。
❺の両面テープでマントを貼り付ける。

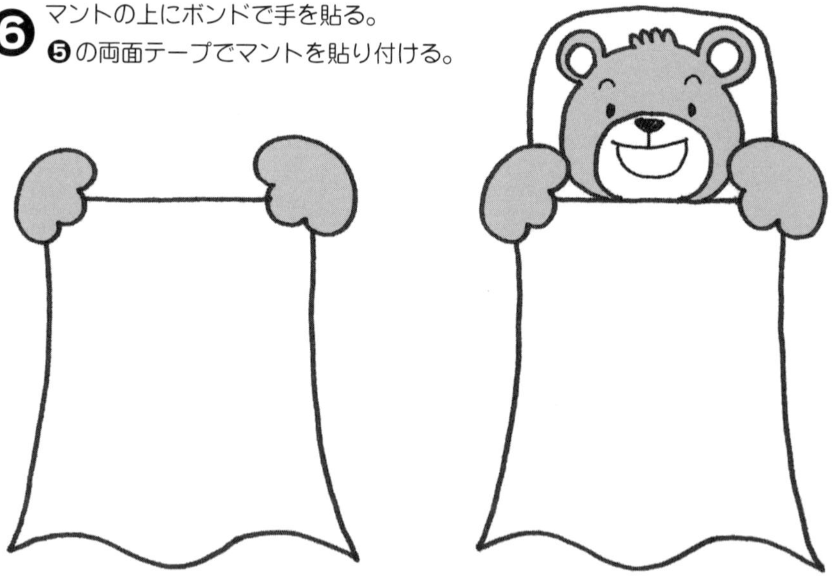

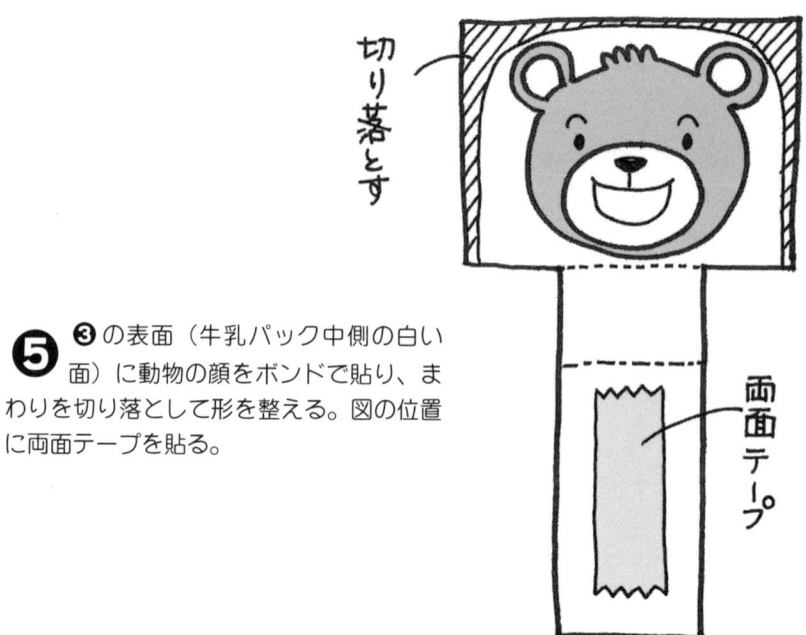

7 ストロー(太)を8センチに切り、**6**の裏面の図の位置にセロテープで貼り付ける。

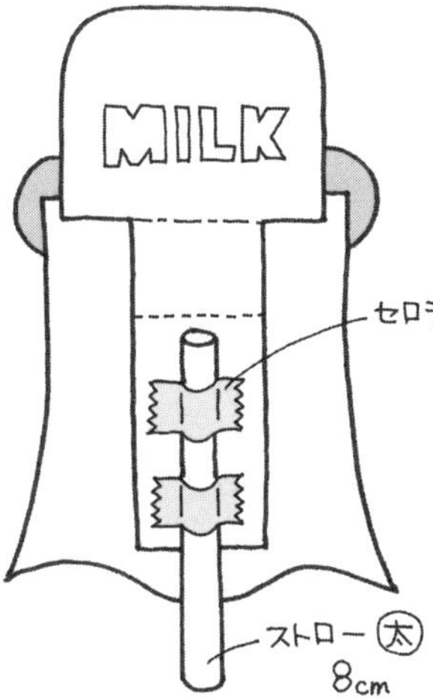

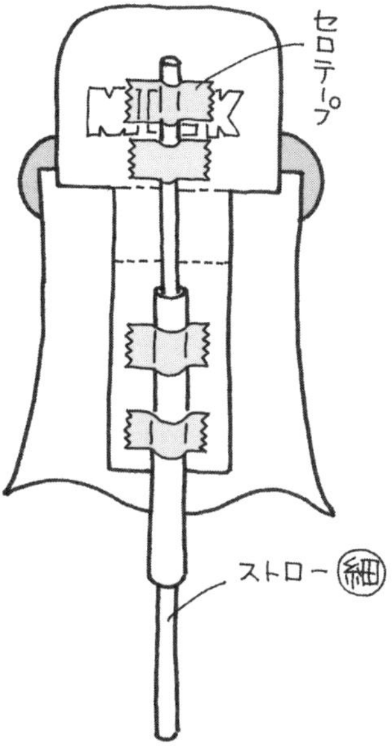

8 ストロー(細)を**7**のストロー(太)に通して、図の位置にセロテープで貼る。

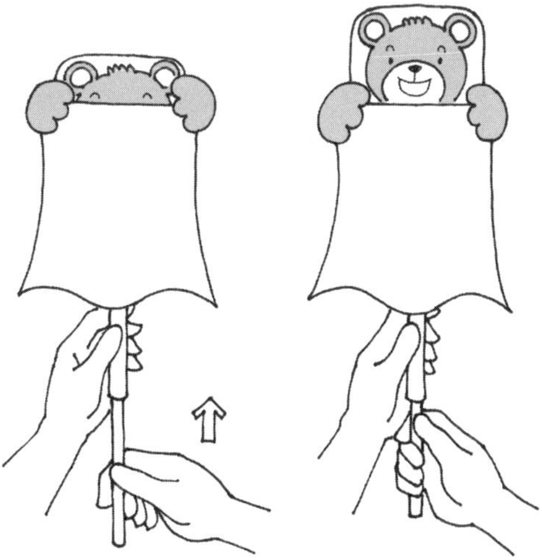

遊び方

ストロー(細)を押し上げると「バァ」と顔が出る。
引き下げると顔が隠れる。

※細くて長いストローが見つからなければ、代わりに竹ひごを使うこともできます。
いろいろな動物を作って、遊んでみましょう。

いないいないバァ②

型紙は巻末7ページ

準　備

☆色画用紙（1色）　☆牛乳パック（または厚紙）　少量
☆白画用紙　少量　☆ストロー㊍（直径6ミリ）1本
☆ストロー㊞（直径4～4.5ミリ）1本　☆両面テープ　☆セロテープ
☆木工用ボンド　☆はさみ　☆フェルトペン

今度は、人形そのものが自分の手で「いないいないバァ」をするタイプです。色画用紙で作りますが、工作用紙で作ったほうが長持ちするようです。

作品写真は巻頭1ページ

作り方

❶ 色画用紙と白画用紙を図のように切って、ウサギのからだ・手・顔を作る。からだの部分は、点線㋐で山折りし、点線㋑で谷折りする。

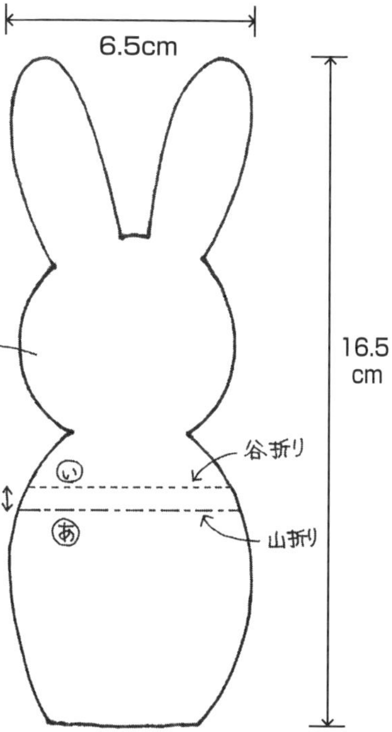

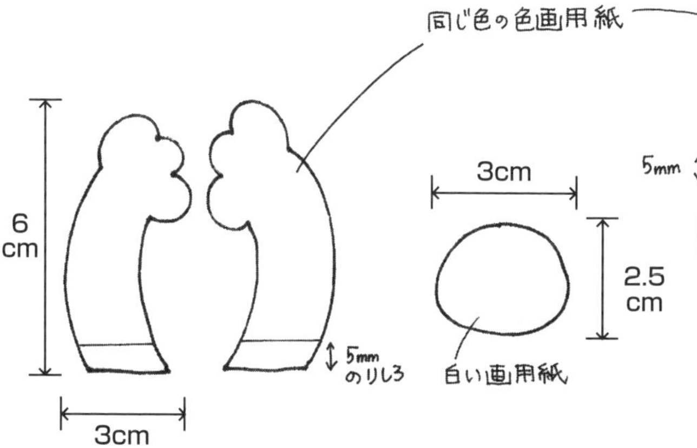

❷ 手の端5ミリにボンドをつけ、ウサギのからだに図のように貼る。

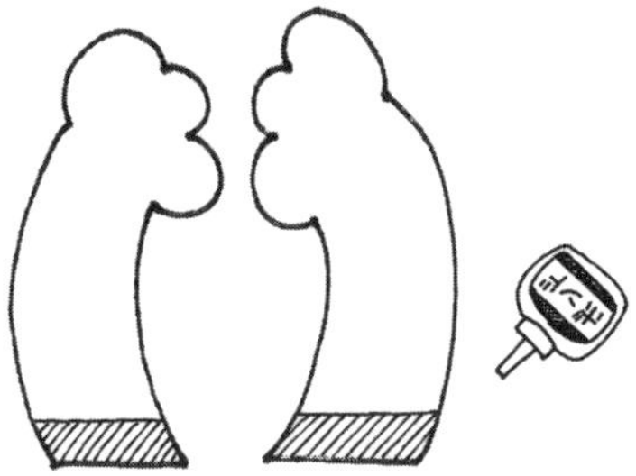

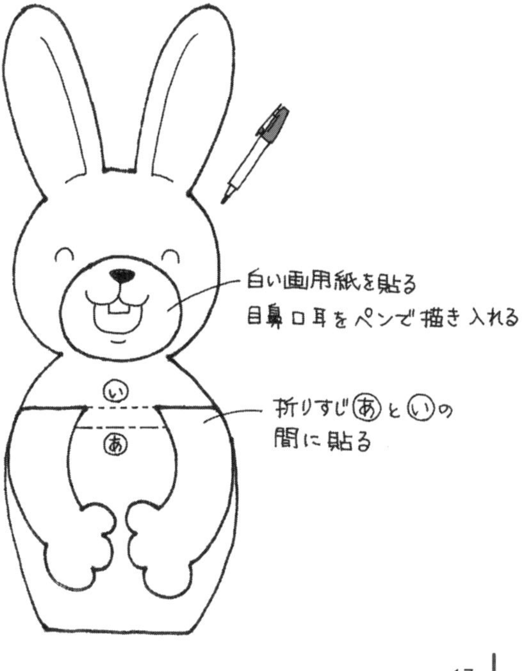

❸ 牛乳パック（または厚紙）に7.5センチくらいの両面テープを貼り、まわりを少し残して切り取る。4センチⒶと3.5センチⒷの2つに切る。
Ⓐと Ⓑを、うさぎの裏面に図のように貼る。

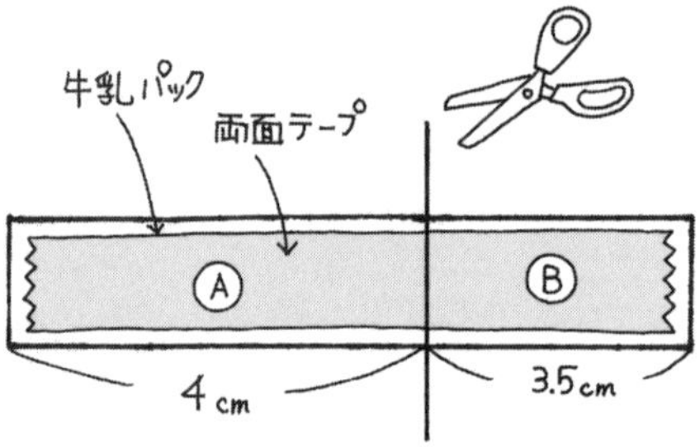

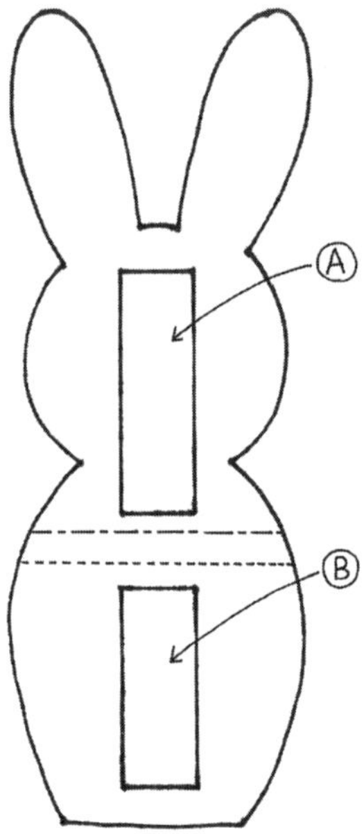

❹ ストロー(太)を5センチに切り、Ⓑにセロテープで貼る。

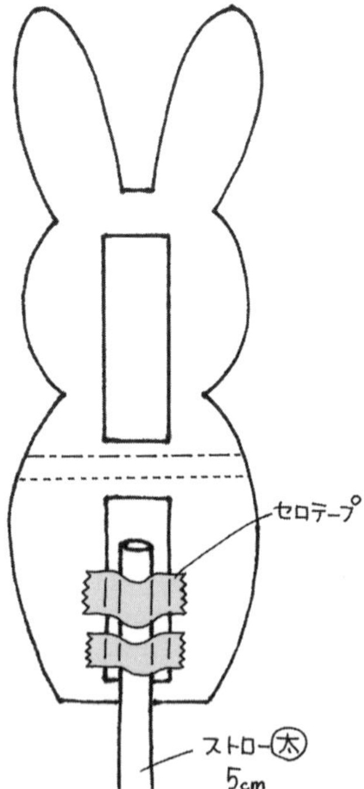

❺ ストロー(細)を❹のストロー(太)に通して、Ⓐにセロテープで貼る。

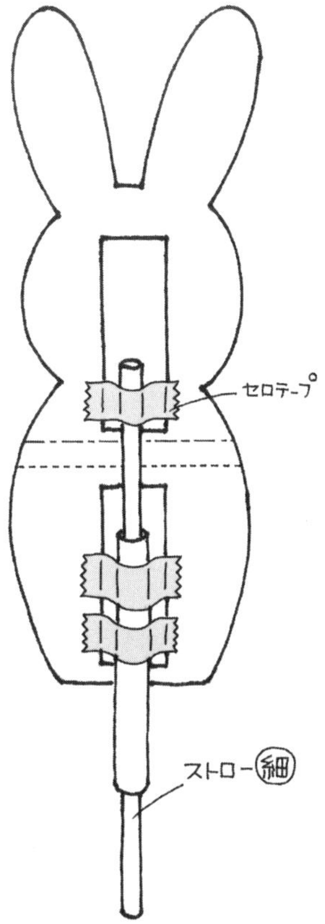

遊び方

細いストローを上下に動かすと、ウサギが自分で「いないいないバァ」をするよ。

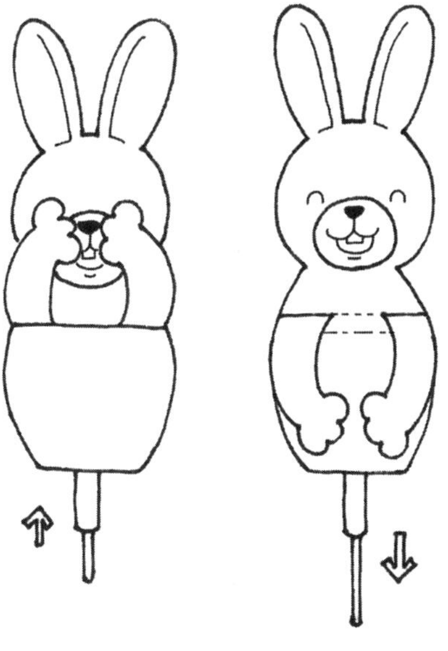

かわいいかくれんぼ①

カラーイラストは巻末1ページ

※140%に拡大して、厚紙に貼ってください

準 備

☆厚紙（20×27センチくらい）2枚
☆セロテープ　☆はさみ
☆フェルトペン

作品写真は巻頭1・2ページ

　サトウハチローさんの歌「♪かわいいかくれんぼ」は知っているでしょう。身近なかわいい動物たちがなにかの陰《かげ》に隠れてみせますが、からだの一部分が見えていて、その特徴でわかってしまう歌です。

　この歌に合わせて遊べるおもちゃを紹介しましょう。いろいろな動物の特徴を活かして遊ぶと、とても楽しいでしょう。

かわいいかくれんぼ　　サトウハチロー・作詞　中田喜直・作曲

作り方

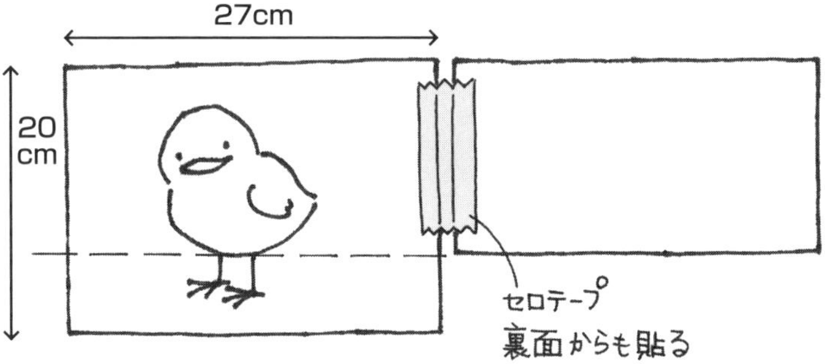

❶ 1枚の厚紙に、フェルトペンで動物の絵を描く。

❷ もう1枚の厚紙を、❶の動物の一部分が見える大きさに切る。

❸ 2枚の厚紙を図のようにセロテープで貼り合わせる。

＊大きな画用紙を使えば、ダイナミックな隠し絵ができます。
＊頭・鼻・お尻などの見せる部分を工夫したり、「見せる仕掛け」もいろいろあります。
　例えば、家の窓から見える仕掛け・トンネルの向こうに一部が見える仕掛けなど。

遊び方

①厚紙を閉じた状態で、動物の一部分を見せる。
「あれ?、みんな、なにかの足だけ見えるよ。だれだろう？だれかな?？」
②子どもとのやり取りを楽しみながら、ゆっくりと上の厚紙をめくる。
「そうだよ！　ヒヨコさんだったね?！」
③もう一度厚紙を閉じて、みんなで「♪かわいいかくれんぼ」を歌いながら、ゆっくりと上の厚紙をめくる。

かわいいかくれんぼ②

カラーイラストは巻末１ページ

※100%でカラーコピーし、上下半分に切って厚紙に貼ってください

準　備

☆厚紙（8×8センチ）2枚　☆厚紙（2×1センチ）2枚
☆つまようじ１本　☆ストロー太⃝（直径6ミリ）1本
☆ストロー細⃝（直径4〜4.5ミリ）1本　☆両面テープ
☆セロテープ　☆はさみ　☆フェルトペン

「かわいいかくれんぼ②」は、子どもたち一人ひとりにプレゼントしたいとき・ご家庭などで少人数の子どもを相手にするときに向いています。

作品写真は巻頭２ページ

作り方

❶ 8×8センチの厚紙2枚に、動物の絵を上半分と下半分に分けて描く。絵のまわりを適当に切り落として形を整える。

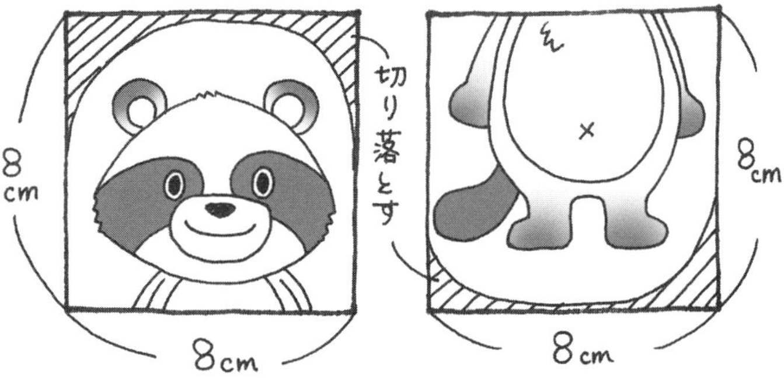

❷ 2×1センチの厚紙2枚を両面テープで貼り合わせて厚くする。それを、❶の下半分の裏側に、図のように5ミリ上にはみ出すように両面テープで貼りつける。

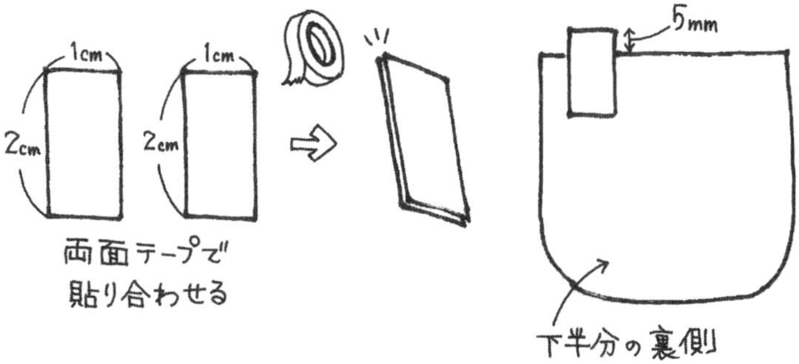

❸ ストロー太を2センチⒶと12センチⒷの2つに切り、Ⓐを❶の上半分の裏側に、Ⓑを下半分の裏側にセロテープで貼る。

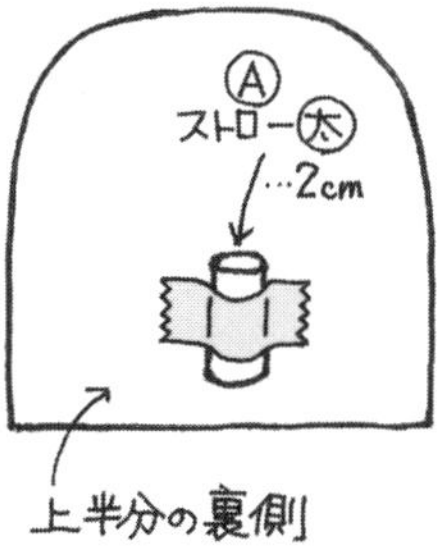

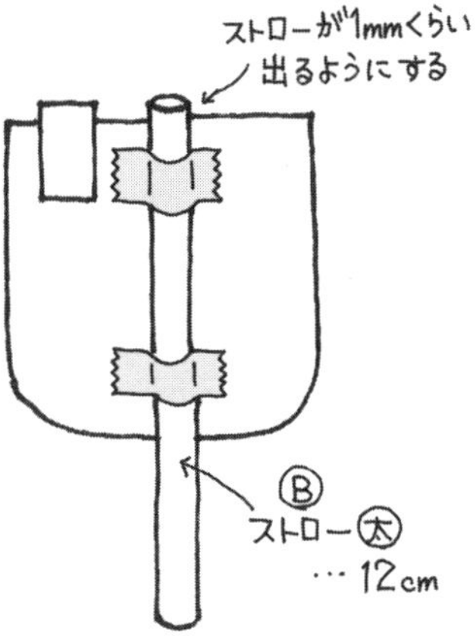

❹ ストロー細を、❸のⒶ・Ⓑそれぞれに通し、Ⓐより2センチくらい上に出し、上半分の裏側にセロテープで貼る。

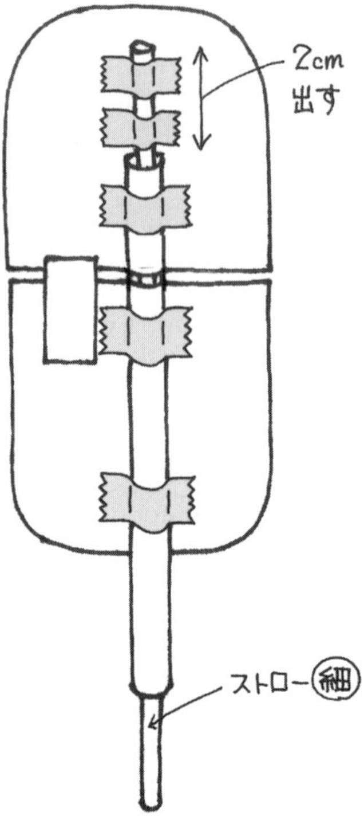

❺ つまようじでストッパーを作る。Ⓑのストローの下端につまようじがくるように、ストロー細につまようじを突き刺す。つまようじのとがった部分を切り落とす。

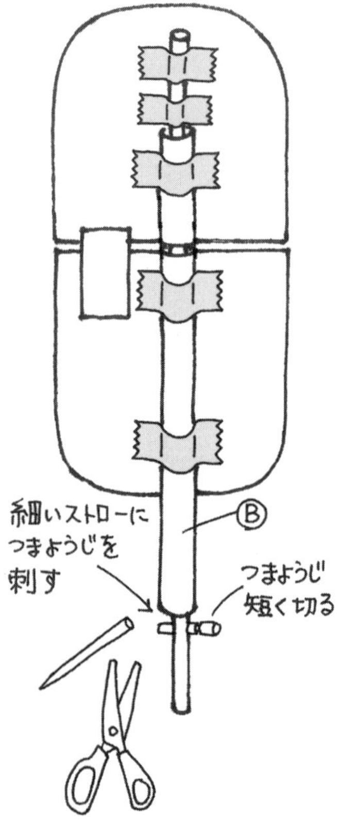

遊び方

①上下とも裏を出して、子どもたちに見せる。
②「だれかな?、だれかな??」と言いながら、下半分だけを回転させる。
③「あれ?? これはだれだろう? だれかな??」と言いながら、上半分を回転させる。
「そうだね?、タヌキさんだ。当たり?!」

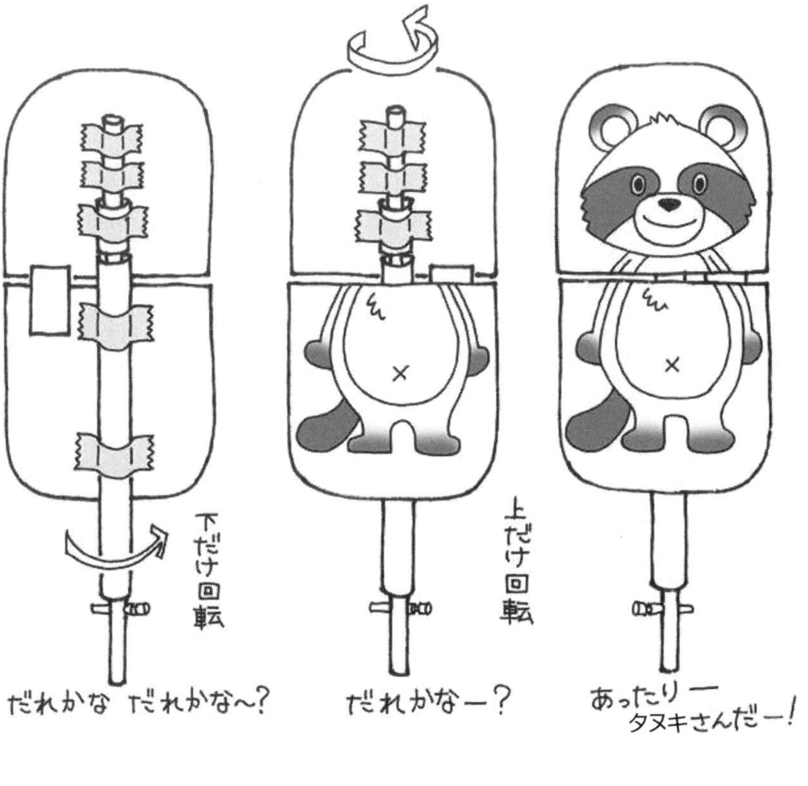
下だけ回転
上だけ回転
だれかな だれかな～?
だれかなー?
あったりー
タヌキさんだー!

でんでんむし

型紙は巻末８ページ

準　備

☆色画用紙（緑色・肌色・黄土色）　☆つまようじ　1本
☆ストロー㊎（直径６ミリ）１本
☆ストロー㊫（直径4〜4.5ミリ）１本　☆セロテープ
☆木工用ボンド　☆はさみ　☆フェルトペン　☆ホチキス

「♪でんでんむしむしかたつむり、おまえのあたまは…」（かたつむり）ーこの歌に合わせてでんでんむしが顔を出すおもちゃです。「いないいないバァ」の遊びにも使えますよ。

作品写真は巻頭２ページ

作り方

❶ 色画用紙を図のように切って、葉Ⓐと、でんでんむしの頭Ⓑ・からだⒸ・殻《から》Ⓓを作る。フェルトペンで顔・殻の模様・葉脈《ようみゃく》を描き入れる。

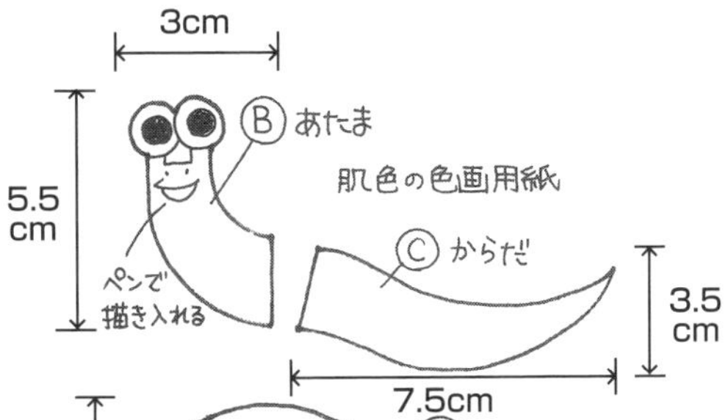
3cm
5.5
cm
Ⓑあたま
肌色の色画用紙
ペンで
描き入れる
Ⓒからだ
3.5
cm
7.5cm

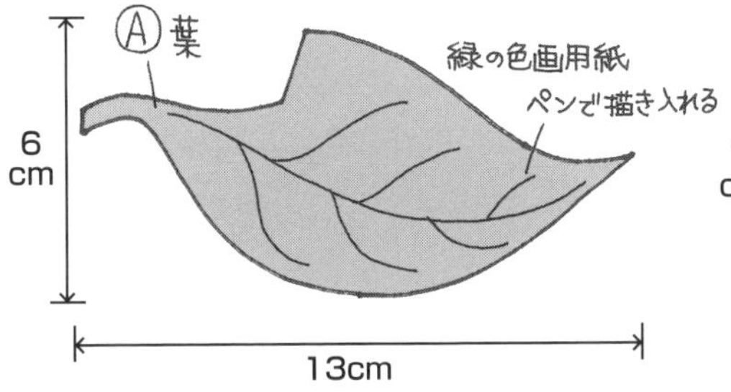
Ⓐ葉
緑の色画用紙
ペンで描き入れる
6
cm
13cm

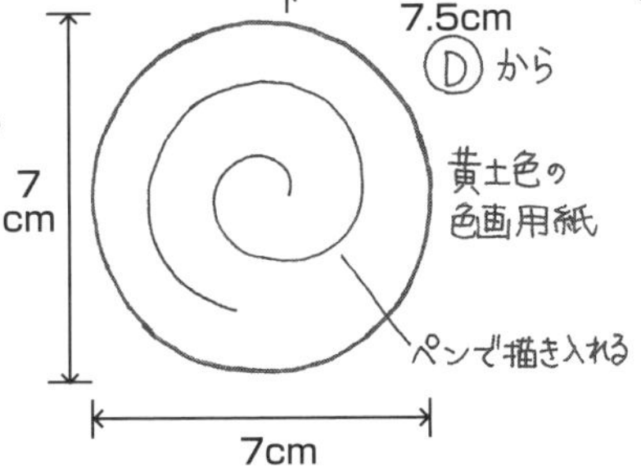
Ⓓから
7
cm
黄土色の
色画用紙
ペンで描き入れる
7cm

❷ ストロー㊌の先端を平たくつぶし、3センチくらいの切り込みを入れ、❶のⒷを図のようにはさみ込んでホチキスで止める。

❸ ストロー㊍を8センチくらいに切り、❷のストロー㊌を通す。

❹ つまようじでストッパーを作る。ストロー㊍の下端につまようじがくるように、ストロー㊌につまようじを突き刺す。つまようじを短く切り落とす。

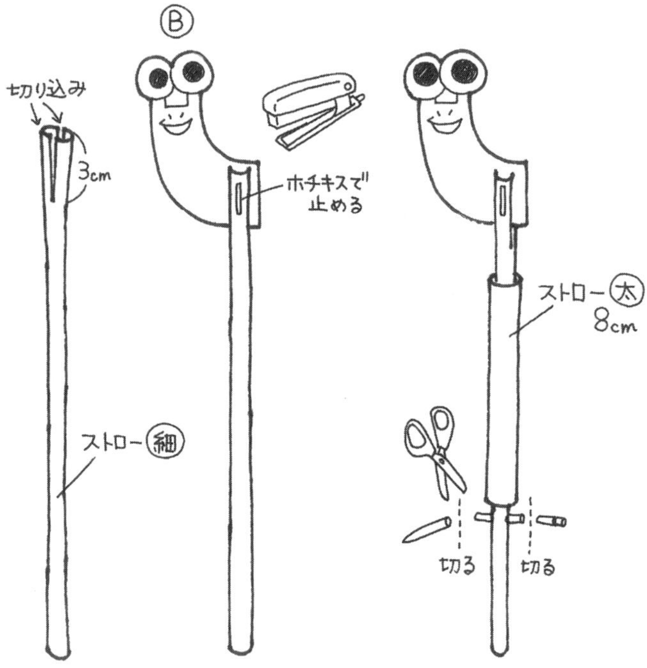
切り込み
3cm
ストロー㊌
Ⓑ
ホチキスで
止める
ストロー㊍
8cm
切る
切る

❺ ❹のストロー太を、葉Ⓐの裏側にセロテープで貼る。

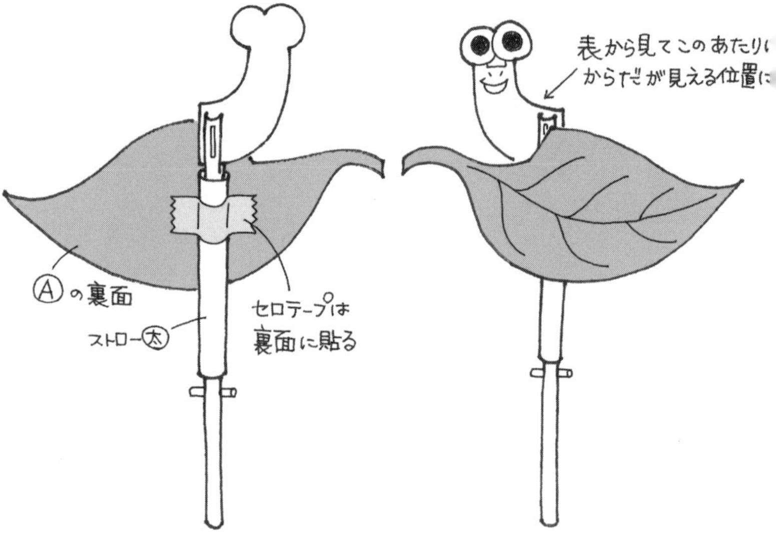

Ⓐの裏面
ストロー太
セロテープは
裏面に貼る
表から見てこのあたり
からだが見える位置に

❻ ❺の葉の表側に、からだⒸをボンドで貼る。

あたまとつながって見えるように
ストローを隠すように貼る
葉の上にボンドで貼る

からだの上に
ボンドで貼る

ストロー細を回転させたとき
あたまがからの後ろに隠れる位置を
確認して貼る

❼ ❻のからだの上に、殻Ⓓをボンドで貼りつける。

遊び方

①細いストローを回転させ、かたつむりの頭を殻の後ろに隠す。
②「いないいないバァ」と言いながら、細いストローを回転させ、頭を出す。
「♪かたつむり」の歌を歌いながら、ストローを回転させて、頭を出したり引っ込めたりする。

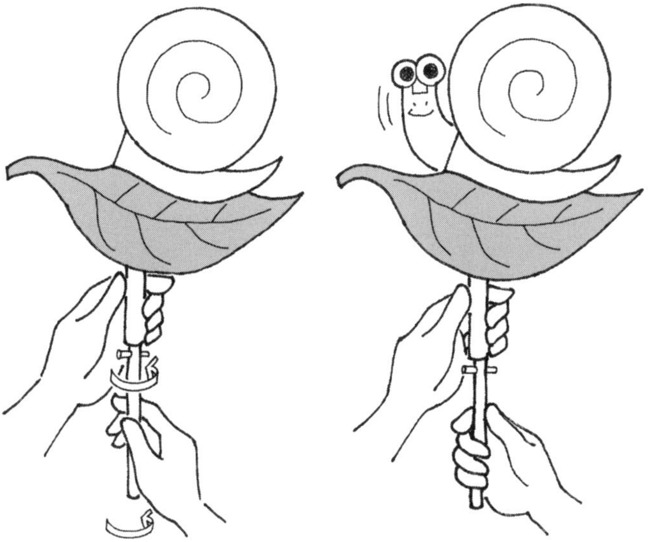

かたつむり　　文部省唱歌

1.でんでん　むしむし　かたつむり
2.でんでん　むしむし　かたつむり
おまえの　あたまは　どこにある
おまえの　めだまは　どこにある
つのだせ　やりだせ　あたま　だせ
つのだせ　やりだせ　めだま　だせ

はばたくチョウ

型紙は巻末8ページ

準備

☆色画用紙（2色）　☆ストロー太（直径6ミリ）1本
☆ストロー細（直径4～4.5ミリ）1本
☆木工用ボンド　☆はさみ　☆フェルトペン　☆ホチキス

　チョウを作ったら羽ばたかせてみたくなり、「「♪ちょうちょ」の歌に合わせてパタパタと動かせたら、どんなに楽しいだろう」と夢が広がりました。ストロー仕掛けで作りはじめ、素材を折り紙から色画用紙に変えたところ、理想的なチョウチョができ上がりました。

作品写真は巻頭3ページ

作り方

❶ 色画用紙から、Ⓐ・Ⓑ・Ⓒを切り取る。ⒶとⒸは同じ色、Ⓑは別の色にする。Ⓒは2枚作る。Ⓐにフェルトペンやシールで文様を描き入れ、Ⓑには目を描き入れる。

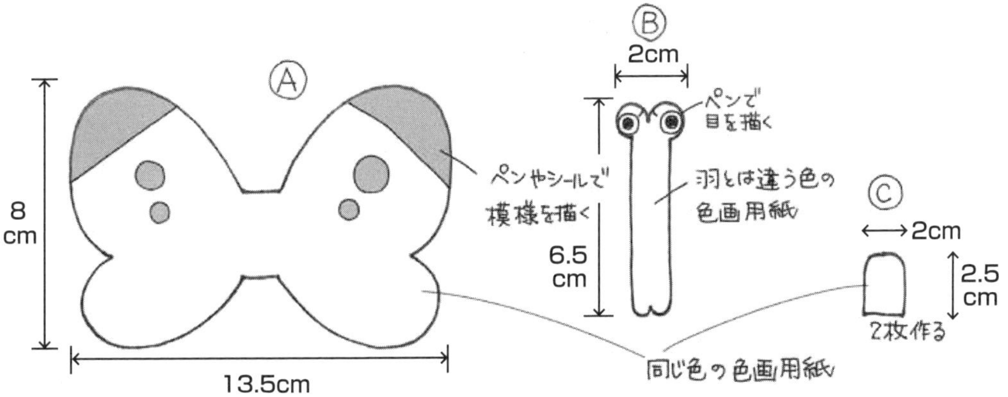
Ⓐ
8 cm
13.5cm
ペンやシールで
模様を描く
Ⓑ
2cm
ペンで
目を描く
6.5 cm
羽とは違う色の
色画用紙
Ⓒ
2cm
2.5 cm
2枚作る
同じ色の色画用紙

❷ Ⓐを裏返し、左右中央に山折りの折りすじ㋐をつけ、羽の付け根（図参照）に谷折りの折りすじ㋑と㋒をつける。
折りすじ㋑と㋒に沿って、Ⓒ2枚をそれぞれ図のようにボンドで貼る。

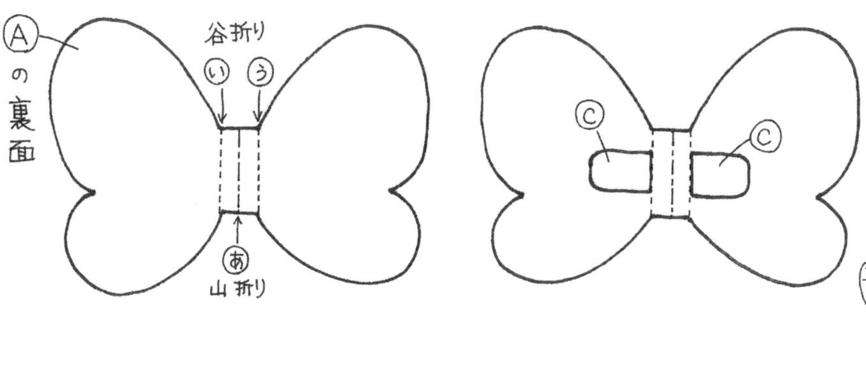
Ⓐの裏面
谷折り
い
う
あ
山折り
Ⓒ
Ⓒ

❸ ❷を表に返し、斜線部分にボンドをつけ、チョウの背中部分を貼り合わせる。

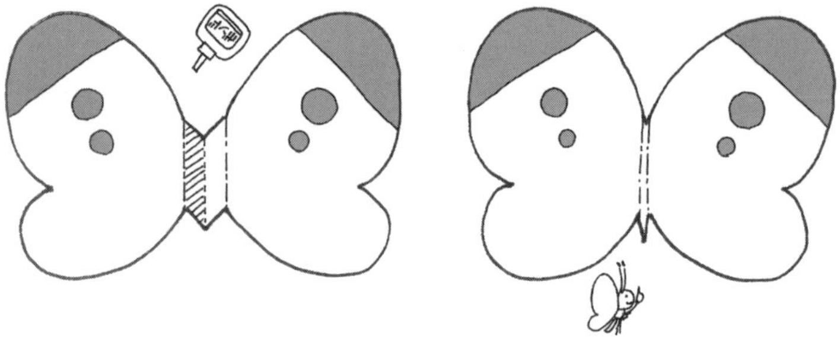

❹ Ⓑを縦半分に山折りし、❸のチョウの裏側に図のようにボンドで貼る。

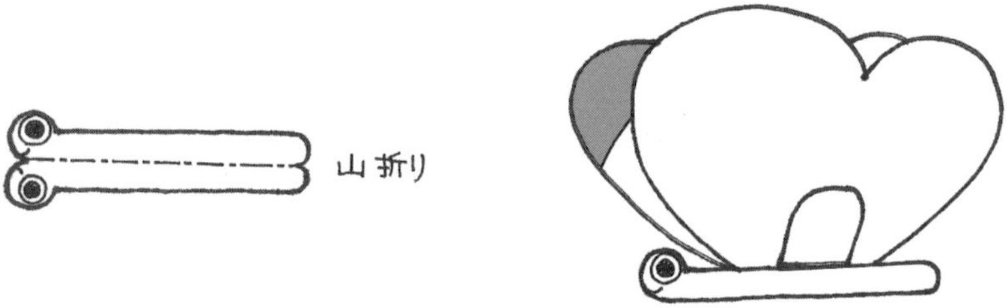
山折り

❺ ストロー(太)を15センチに切り、平たくつぶしながら10センチくらいの切り込みをはさみで入れる。先端を1.5センチくらい折り曲げておく。

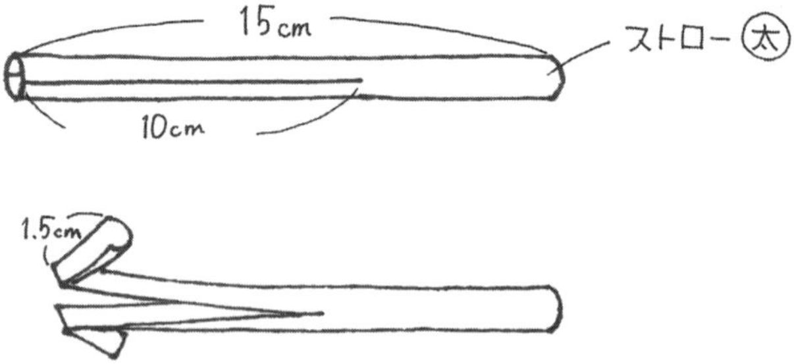
15cm
ストロー(太)
10cm
1.5cm

❻ ストロー(細)の先端を、平たくつぶしながら1センチくらいの切り込みをはさみで入れる。

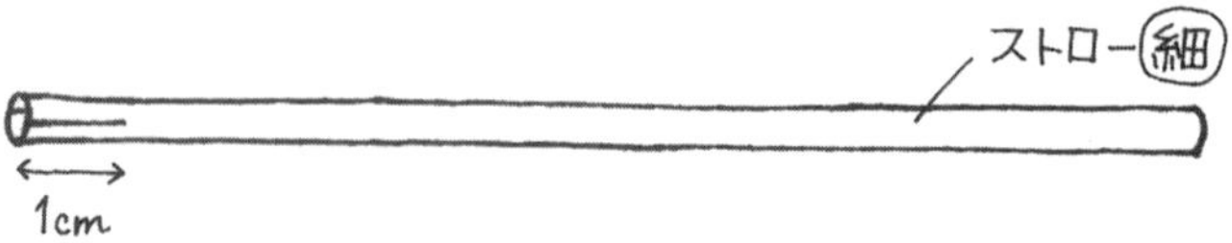
ストロー(細)
1cm

❼ ストロー(細)で、❹のチョウの胴体をはさみ、ホチキスで止める。

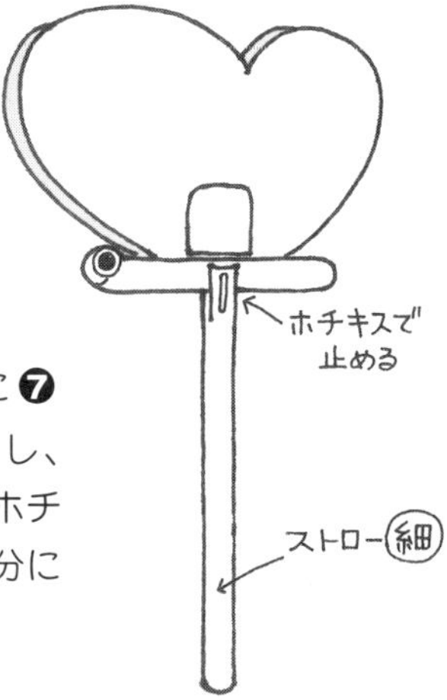
ホチキスで
止める
ストロー(細)

❽ ❺のストロー(太)に❼のストロー(細)を通し、先端の折り曲げた部分をホチキスでチョウの羽のⓒ部分に止める。

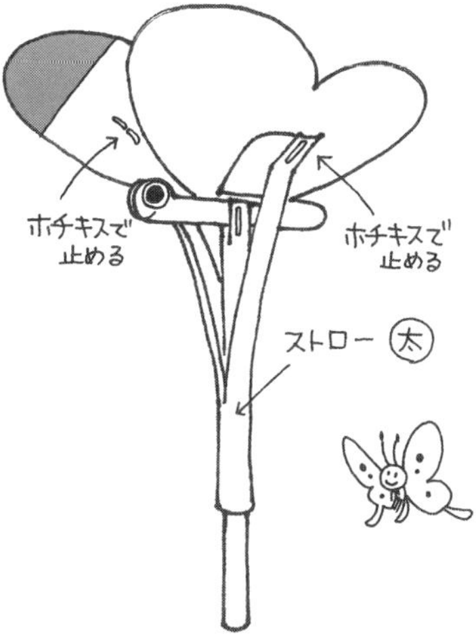
ホチキスで
止める
ホチキスで
止める
ストロー(太)

遊び方

細いストローを上下に動かすと、チョウがはばたく。
「♪ちょうちょ」の歌をみんなで歌いながら、はばたかせましょう。子どもたちの頭にチョウを止まらせ、また舞い上がったり、次の子の頭に止まったり、蜜《みつ》を吸ったりして楽しみましょう。

ちょうちょ　　野村秋足・稲垣千穎・作詞　スペイン民謡

ちょうちょ　ちょうちょ　なのはに　とまれ　なのはに
あいたら　さくらに　とまれ　さくらの　はなの
はなから　はなへ　とまれよ　あそべ　あそべよ　とまれ

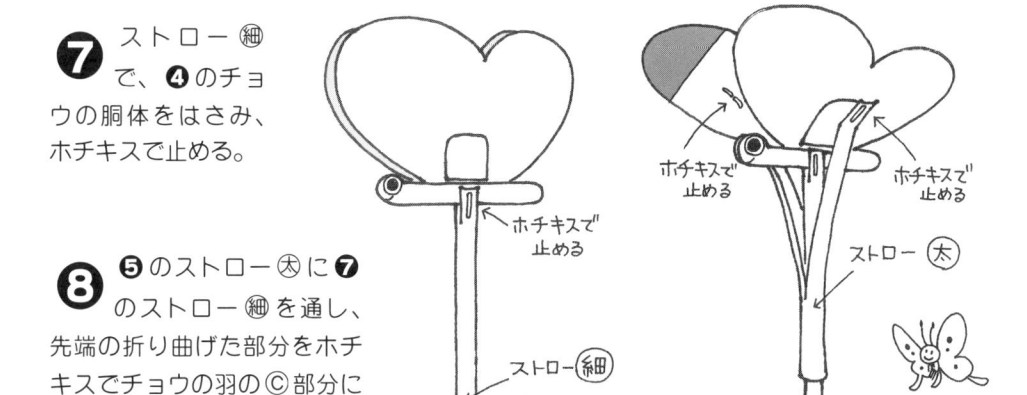

はばたくカラス

型紙は巻末９ページ

準　備

☆色画用紙（黒色・黄色）　☆ストロー(太)（直径６ミリ）１本
☆ストロー(細)（直径4～4.5ミリ）１本
☆木工用ボンド　☆はさみ　☆フェルトペン　☆ホチキス

　カラスは日本人には昔から身近な存在だったようでたくさんのお話がありますし、「♪七つの子」などの名曲もあります。チョウのはばたく仕掛けで、カラスをはばたかせてみましょう。

作品写真は巻頭３ページ

作り方

❶ 黒色の色画用紙からⒶとⒷを2枚ずつ切り取り、図の点線部分に折りすじをつける。黄色の色画用紙からⒸを切り取る。

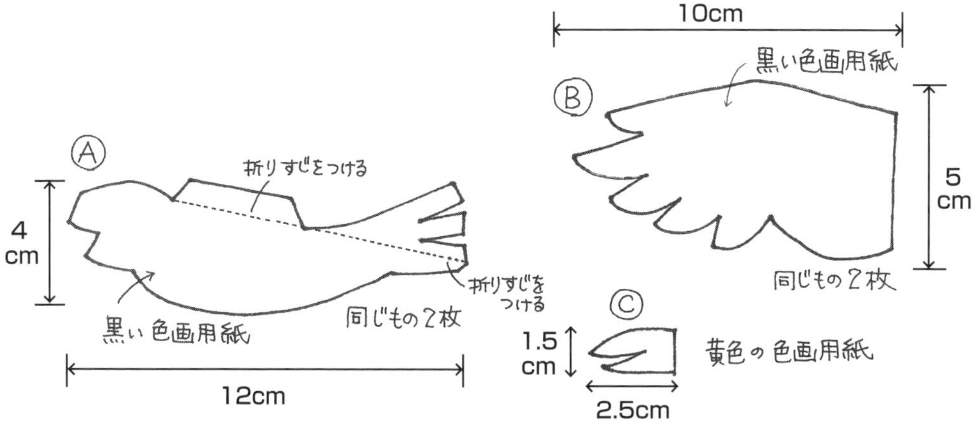
10cm
黒い色画用紙
Ⓑ
5
cm
同じもの2枚
Ⓐ
折りすじをつける
4
cm
折りすじをつける
黒い色画用紙
同じもの2枚
12cm
Ⓒ
1.5
cm
黄色の色画用紙
2.5cm

❷ Ⓒを、Ⓐの1枚に図のように貼る。Ⓐの斜線部分にボンドを塗り、もう1枚のⒶを貼り合わせる。

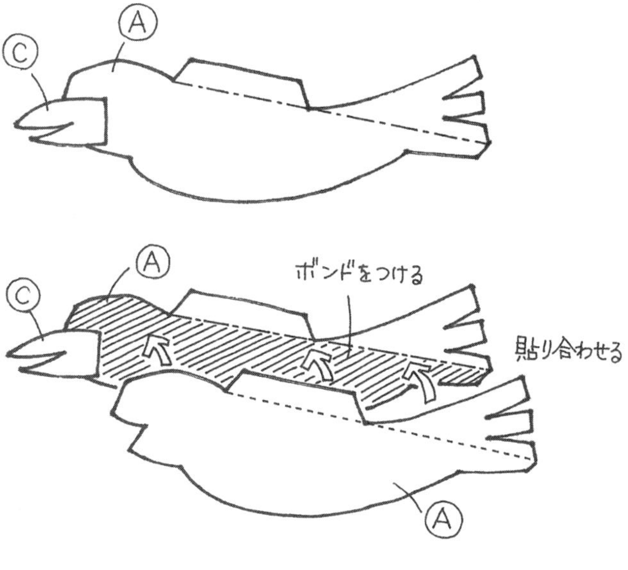
Ⓒ
Ⓐ
Ⓐ
Ⓒ
ボンドをつける
貼り合わせる
Ⓐ

❸ 図の斜線部分にボンドを塗り、Ⓑをそれぞれ貼りつける。白い紙またはシールを貼って、目を作る。

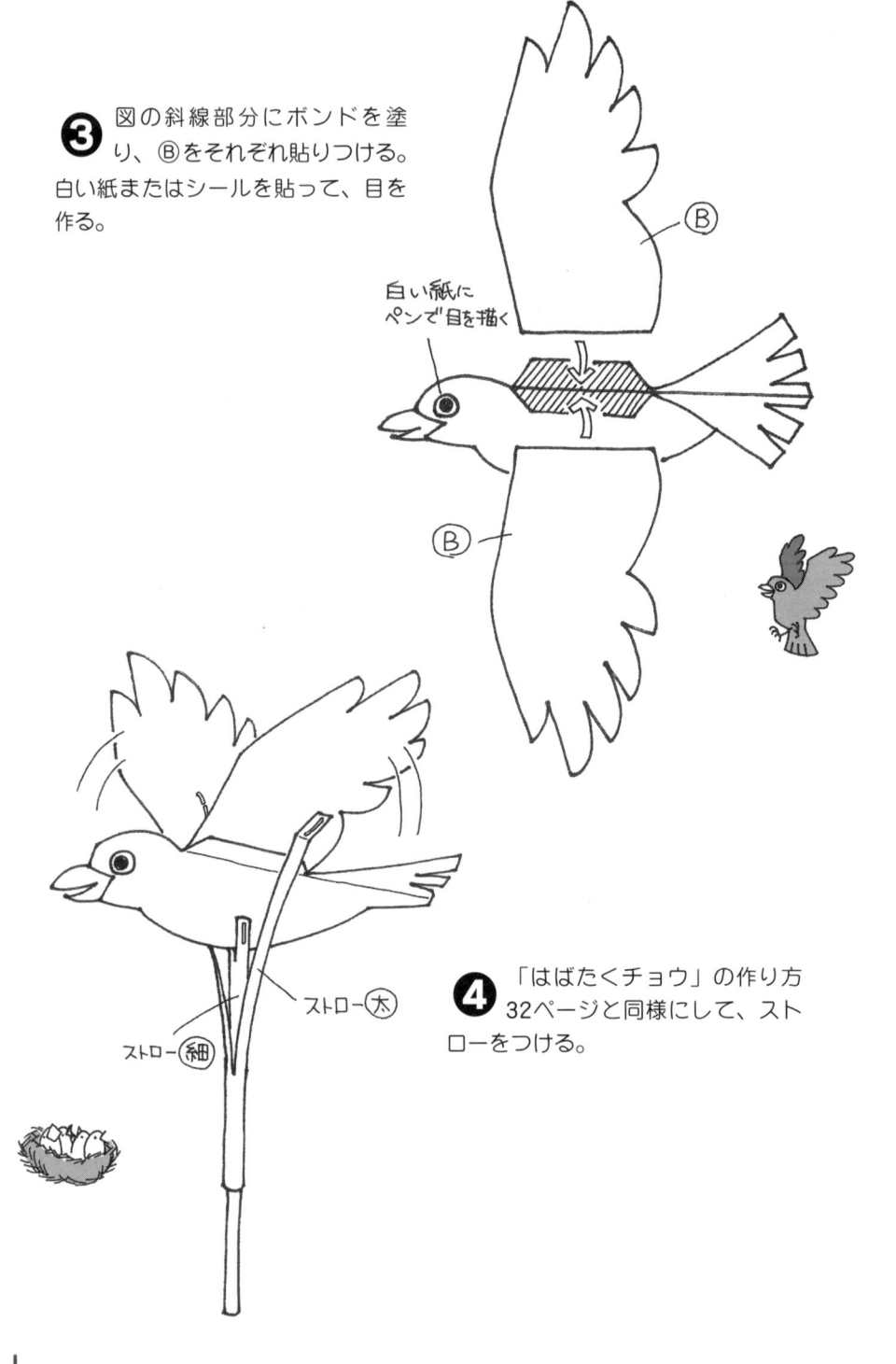

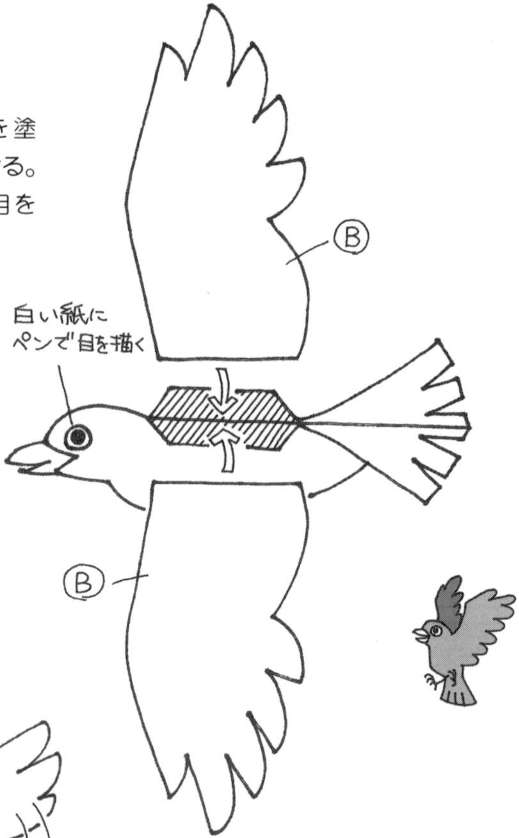

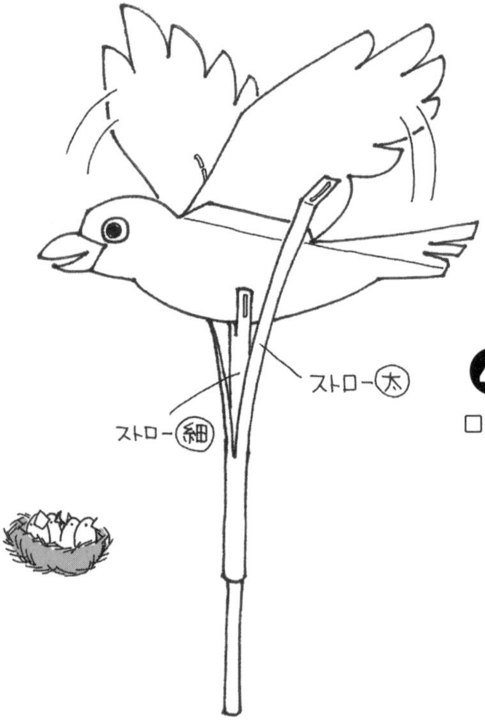

❹ 「はばたくチョウ」の作り方32ページと同様にして、ストローをつける。

遊び方

みんなで「♪七つの子」を歌いながら、「はばたくカラス」を動かして遊びましょう。大きな「はばたくカラス」を１つ・子ガラスを７つ作り、母カラスと子ガラスを演じながら歌ってもいいですね。
この仕組みを使って、他の動物も作ってみよう！

七つの子　　　　野口雨情・作詞　本居長世・作曲

1.か　らーす　なぜなくの　からすはや　ま　に
2.や　まーの　ふーるすへ　いってみてご　ら　ん
か　わいい　なな一つの　こがあるから　よ
ま　一るい　めをーした　いーいーこだ　よ
かわい　かわいと　からすは　なくの
かわい　かわいと　なくんだ　よ

花開く

❹の型紙は巻末9ページ

準　備

☆色画用紙（2色、1色は黄色）　☆ストロー(太)（直径6ミリ）1本
☆ストロー(細)（直径4～4.5ミリ）1本
☆木工用ボンド　☆はさみ　☆ホチキス

「♪お花が笑った、お花が笑った…」という歌があります。この歌を歌いながら動かして遊ぶおもちゃはないものか？と考え、「はばたくチョウ」の仕掛けで花を開かせてみました。でも、開き切ったときに花に見えないのです。そこで考えたのが、四角の色画用紙を折りたたんでそれを開くという方法です。

作品写真は巻頭3ページ

作り方

❶ 色画用紙を12×12センチの正方形に切り、点線㋐で山折り、点線㋑と㋒で谷折りの折りすじをつけて、折りすじに従って図のような形に折りたたむ。

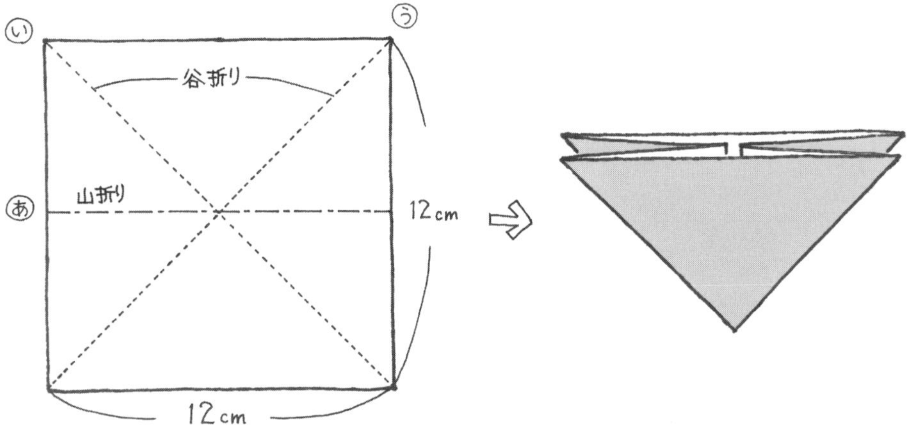

㋑
㋒
谷折り
㋐
山折り
12cm
12cm

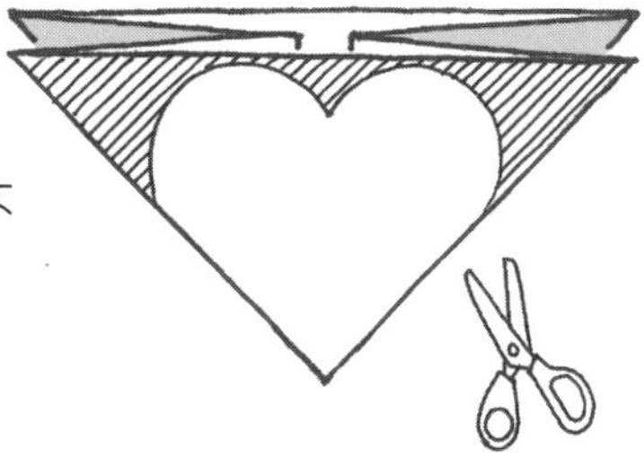

❷ ❶を折りたたんだまま、図のようにハート形を切り取る。

❸ ❷を開き、中心部に丸く切った黄色の画用紙を貼る。花びらに、はさみで切り込みを4ヵ所（図の太線部分）入れる。再び折りたたんでおく。

（注）切り込みが深すぎると、花が開かなくなります。

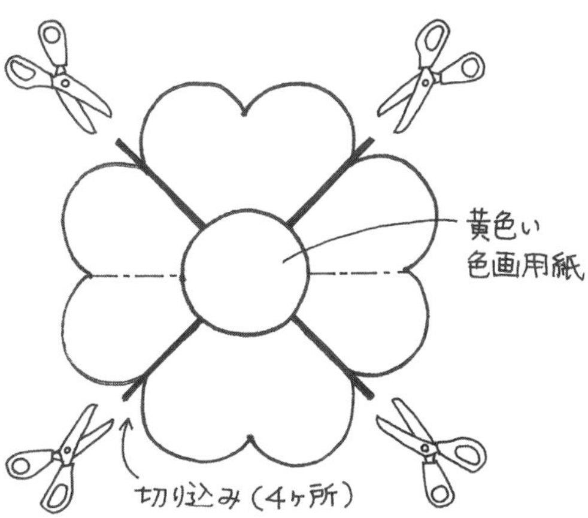

黄色い
色画用紙
切り込み（4ヶ所）

❹ 花びらと同じ色の色画用紙で図のような形を切り取り、半分に折って、❸をはさむようにボンドで貼りつける。

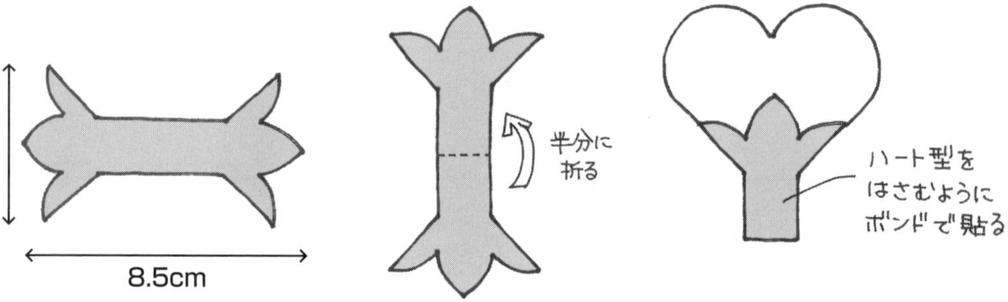
4
cm
8.5cm
半分に
折る
ハート型を
はさむように
ボンドで貼る

❺ 「はばたくチョウ」の作り方32ページと同様にしてストローをつける。

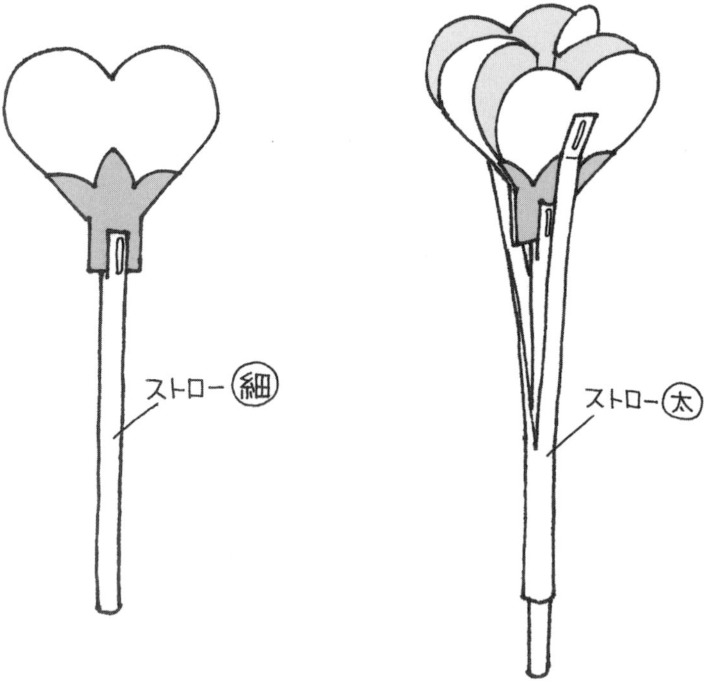
ストロー細
ストロー太

遊び方

子どもたち全員がこのお花を持ち、みんなで「♪おはながわらった」の歌を歌いながら遊びましょう。
また、「はばたくチョウ」のチョウチョを子どもたちのお花に止まらせたり、蜜《みつ》を吸ったり･･･。あれ？　お花が開いていないと、チョウチョさんがお休みできないよ。

おはながわらった　　　　保富康午・作詞　湯山　昭・作曲

1.お　はな　が　わ らっ た　お　はな　が　わ らっ た　お　はな　が　わ らっ た
2.お　はな　が　わ らっ た　お　はな　が　わ らっ た　お　はな　が　わ らっ た
お　はな　が　わ らっ た　み　ーん　な　わ らっ た　い　ちど　に　わ らっ た
お　はな　が　わ らっ た　み　ーん　な　わ らっ た　げ　んき　に　わ らっ た

チューリップ

型紙は巻末9ページ

「花開く」の花びらの形を下図のようにすると、チューリップになります。

「花開く」作り方❹の、花びらを外からはさむ部分の色を、黄緑色にしましょう。花びらの色は、赤・白・黄色などいろいろな色で。

作品写真は巻頭4ページ

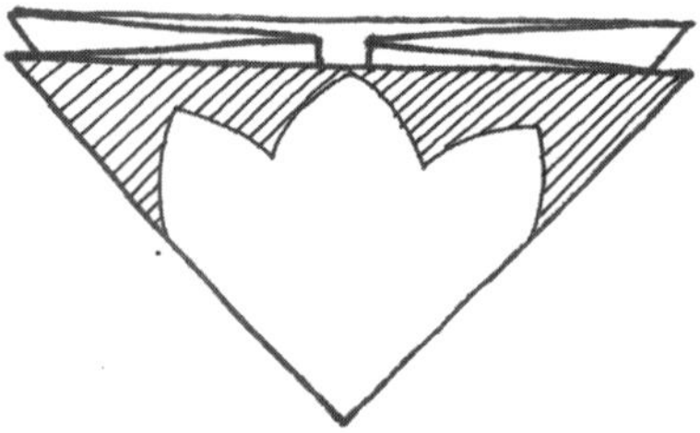

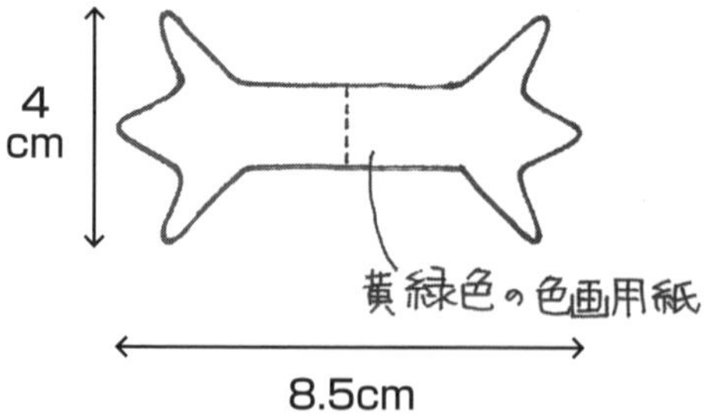
4
cm
黄緑色の色画用紙
8.5cm

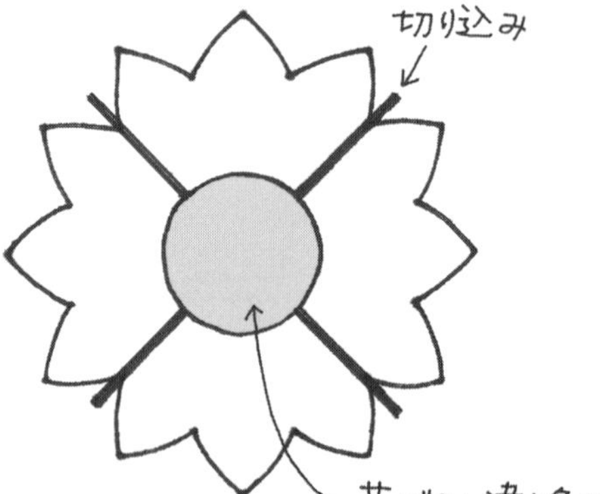
切り込み
花びらと違う色の
色画用紙

遊び方

「♪チュウリップ」の歌に合わせて、赤・白・黄色の花を開いていくと楽しいですね。
１人で３本のチューリップを開かせるときは、図のように持って開くと３本同時に花開きます。

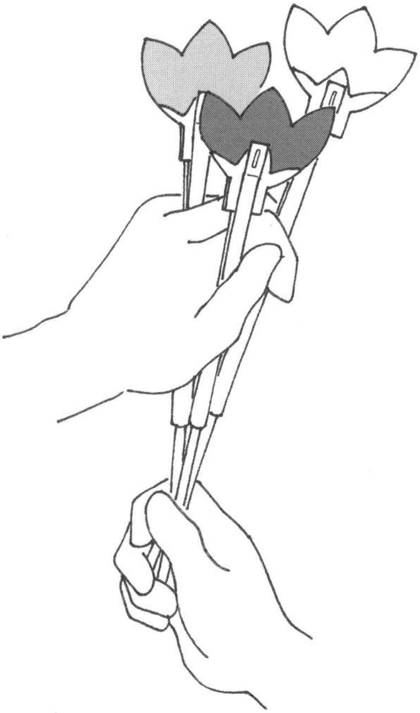

チュウリップ　　近藤宮子・井上武士・作詞　井上武士・作曲

さ い た　さ い た　チュウリップ の は な が
な らん だ　な らん だ　あ か し ろ　き い ろ
ど の は な　み て も　き れ い だ な

もしもしカメよ

カラーイラストは巻末2・3ページ

※各部品をそのままカラーコピーしてお使いください
（うちわは、厚紙に貼ってください）

準　備

☆コピー用紙　☆厚紙　☆のり　☆はさみ　☆ホチキス
☆フェルトペン　☆セロテープ

「ウサギとカメ」の有名なお話があります。このお話で楽しく遊ぶことはできないだろうか？　と考えて作り出しのが、このおもちゃです。

ウサギとカメを競争させるおもちゃですが、風の力で進むシンプルなもの。風の抵抗が大きいウサギのほうが速いけれど倒れやすい、というお話のストーリーに沿ったおもちゃです。

作品写真は巻頭4ページ

作り方

❶ ウサギを作る。16×7.5センチのコピー用紙を半分に折り、折ったほうを上にして図の斜線部分を切り取り、太線部分を切り込む。

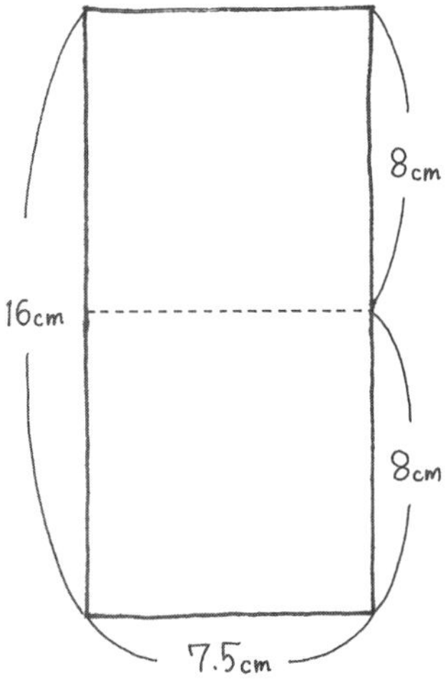
8cm
16cm
8cm
7.5cm

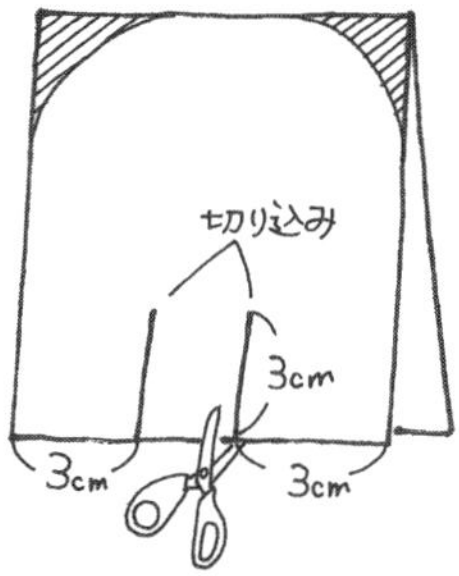
切り込み
3cm
3cm
3cm

❷ これを開いて、点線部分を折り、折り曲げた部分どうしを貼り合わせる。

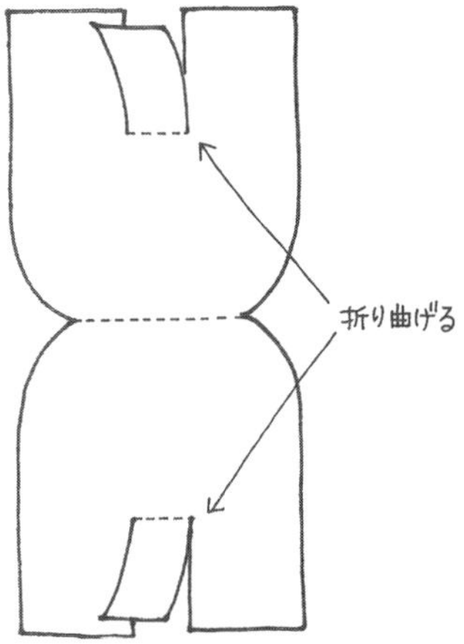
折り曲げる

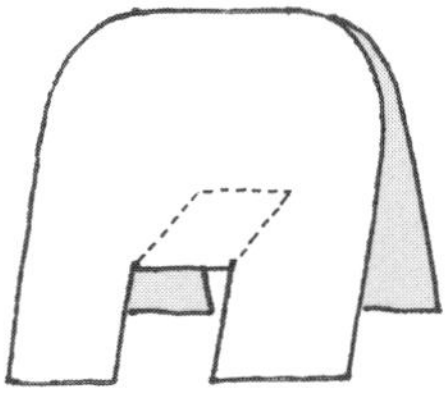

❸ 8×7センチのコピー用紙にウサギの顔を描き、輪郭を切り取る。❷のからだに貼る。足を少し反《そ》らせて、立つようにする。

8cm
7cm
斜線部分は切り取る

❹ カメを作る。コピー用紙から図のようなカメの形を切り取り、フェルトペンで顔や甲羅《こうら》を描き入れる。頭と足を、図のように折り曲げる。

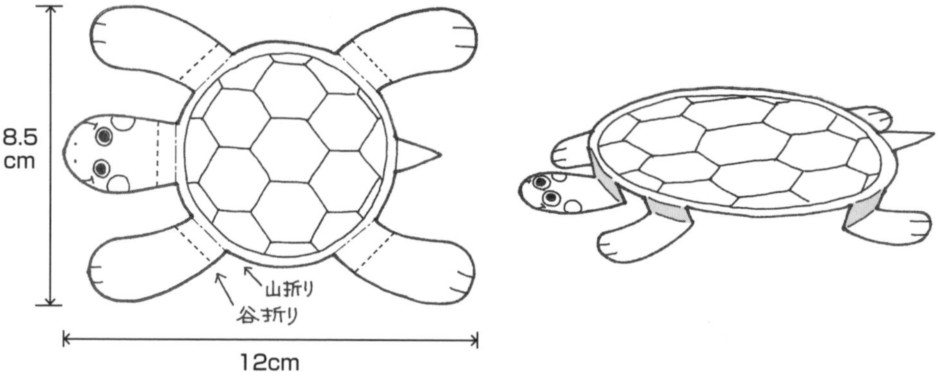
8.5 cm
山折り
谷折り
12cm

❺ うちわを作る。厚紙を図のような形に切り取る。

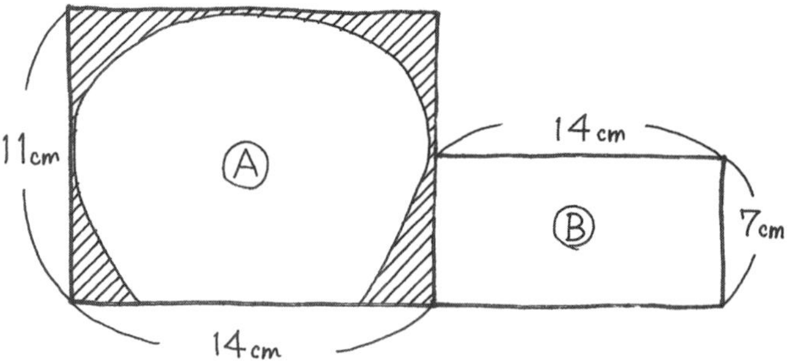
11cm
Ⓐ
14cm
Ⓑ
7cm
14cm

❻ Ⓑの左右を半分まで折り、さらにあで半分に折る。あに上から2センチの切り込みを入れる。いを上から2センチ残し、セロテープで貼り合わせる。

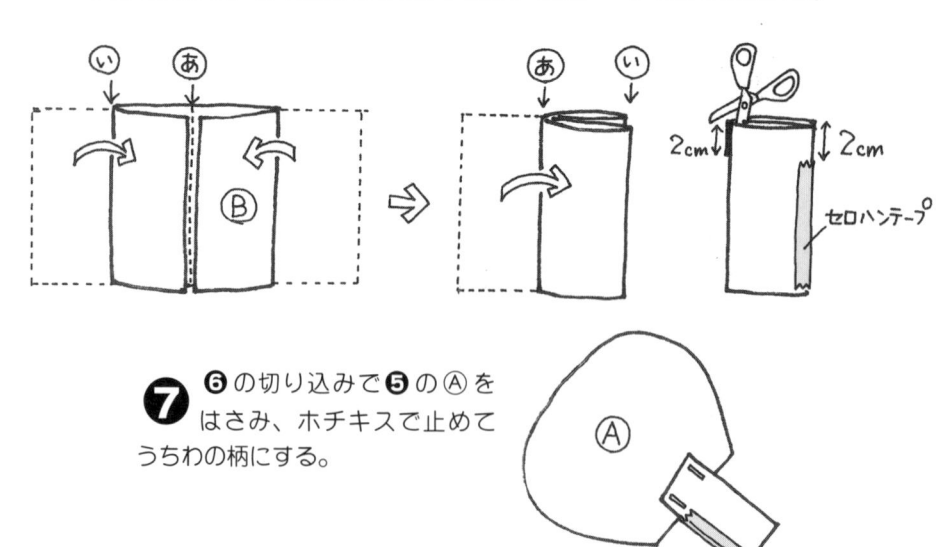

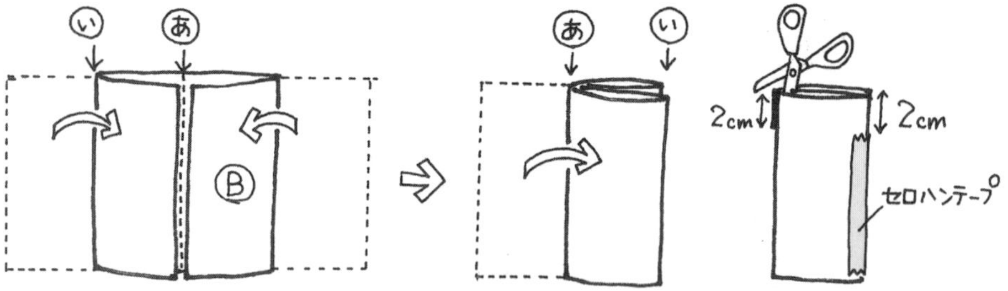
い
あ
Ⓑ
あ
い
2cm
2cm
セロハンテープ

❼ ❻の切り込みで❺のⒶをはさみ、ホチキスで止めてうちわの柄にする。

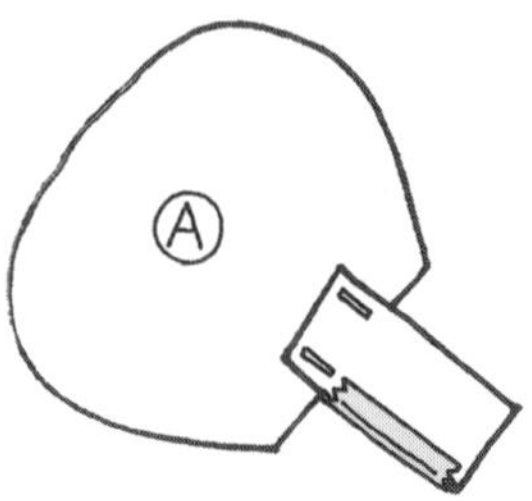
Ⓐ

遊び方

ウサギとカメとうちわをたくさん作っておき、子どもを「ウサギ組」と「カメ組」に分けて、競争してみましょう。みんなで「♪ウサギとカメ」を歌い、歌が終わったらスタート！　一度遊んだら、ウサギ組とカメ組を取り替えて遊んでも楽しいでしょう。

ヨーイドン!
後ろからあおげば前にすすむ
このようにうさぎの前の空気を
頭の上をねらってあおぐと
うさぎはこっちにくる

ウサギとカメ　　石原和三郎・作詞　納所弁次郎・作曲

1.もしもしかめよ　かめさんよ
2.なーんとおっしゃる　うさぎさん
せかいのうちでー　おまえほど
そんならおまえと　かけくらべ
あゆみののろいー　ものはない
むこうのこやまの　ふもとまで
どうしてそんなに　のろいのか
どちらがさきにー　かけつくか

ケロケロカエル

型紙は巻末９ページ

準　備

☆紙コップ　1個　☆厚紙　☆画用紙　☆色画用紙（緑など）
☆ストロー（直径6ミリ・ジャバラ付）1本　☆両面テープ
☆セロテープ　☆木工用ボンド　☆カッター　☆はさみ
☆フェルトペン

「♪かえるのうた」に合わせて、子どもたちも「ケロケロ」と鳴かせることのできるおもちゃ。以前考えたものをシンプルにしてみました。

作品写真は巻頭４ページ

作り方

❶ 紙コップを厚紙にあて円を描き、切り取る。緑色の色画用紙からも、同じ大きさの円を切り取る。

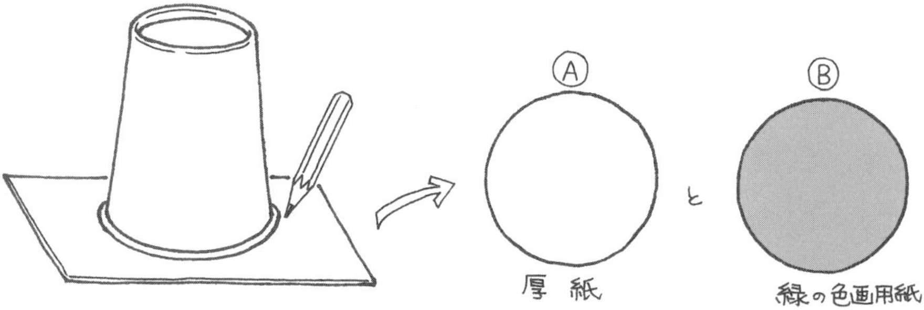
Ⓐ
Ⓑ
と
厚紙
緑の色画用紙

❷ ❶のⒶに、図のような穴を開ける（穴の位置と形に注意）。紙コップの底に、切り込みを入れる（穴ではなく、切り込み。音を出す部分なので要注意）。

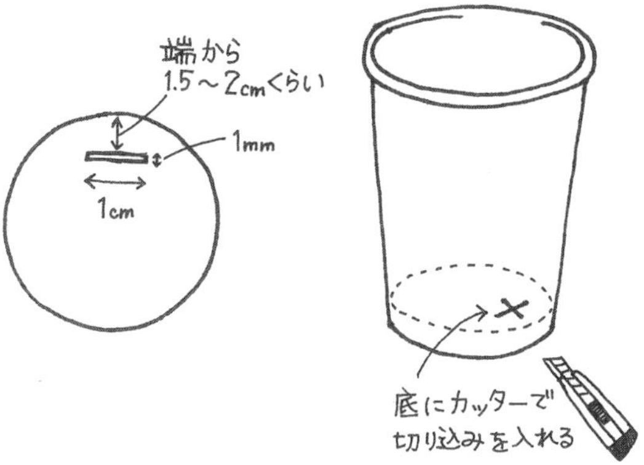
端から
1.5～2cmくらい
1mm
1cm
底にカッターで
切り込みを入れる

❸ ジャバラのあるストローのジャバラ部分を伸ばし、紙コップの底の切り込みから差し込み、ジャバラがふれる位置まで入れる。❷のⒶの穴からストローを出し、セロテープで止める。

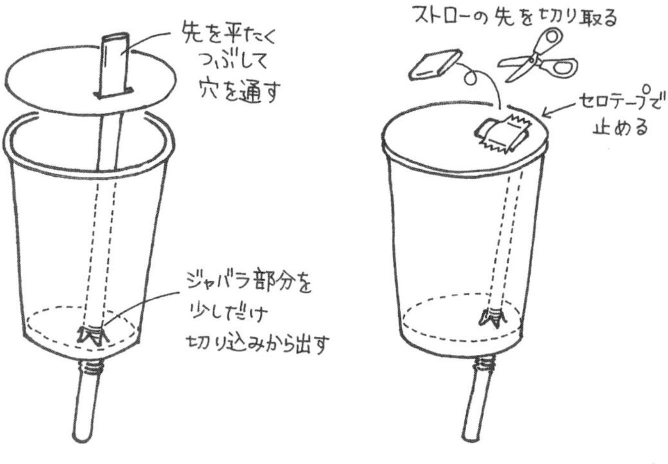
先を平たく
つぶして
穴を通す
ジャバラ部分を
少しだけ
切り込みから出す
ストローの先を切り取る
セロテープで
止める

❹ 4×1.5センチの緑色の色画用紙に両面テープをつけ、図のようにストローを隠すようにⒶと紙コップをつなぐ。Ⓐの上に❶のⒷをボンドで貼る。

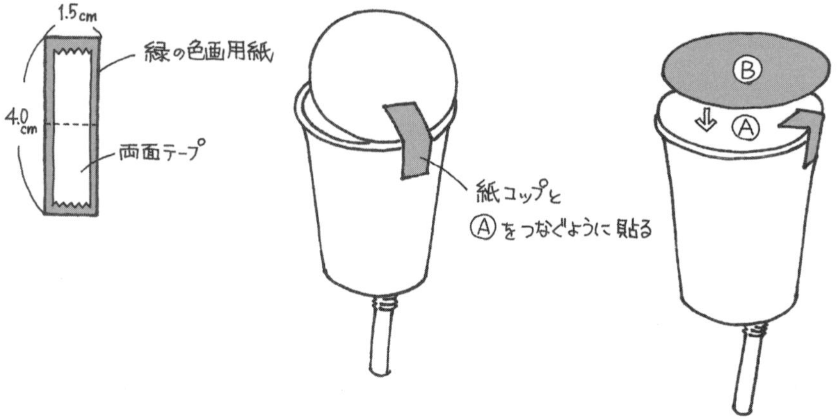
1.5cm
緑の色画用紙
4.0cm
両面テープ
紙コップと
Ⓐをつなぐように貼る
Ⓑ
Ⓐ

❺ 目を作る。画用紙を図のような形に切り、点線部分で折り、ボンドで❹のⒷに貼る。フェルトペンで目を描き入れる。Ⓑに鼻を描く。

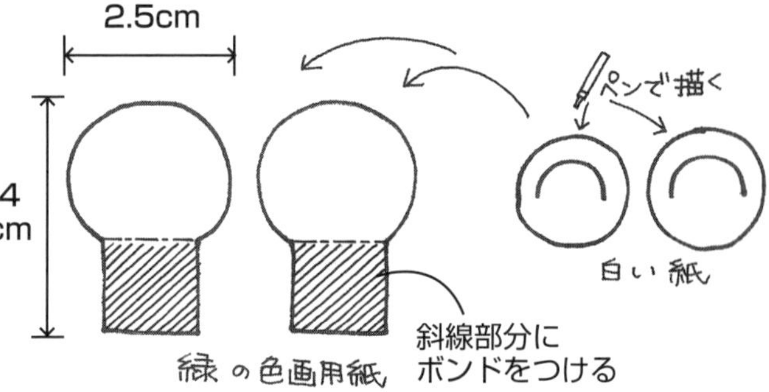
2.5cm
4
cm
ペンで描く
白い紙
緑の色画用紙
斜線部分に
ボンドをつける

❻ 手を作る。色画用紙で図のような手を作り、紙コップに貼る。

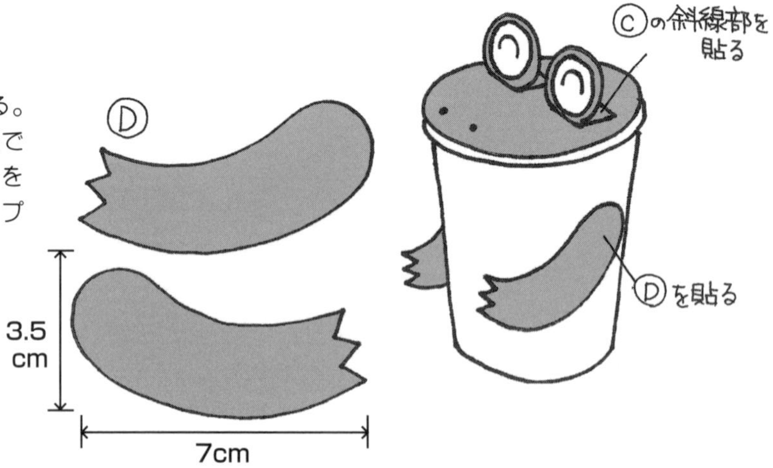
Ⓓ
3.5
cm
7cm
Ⓒの斜線部を
貼る
Ⓓを貼る

遊び方

ストローを上下に動かしてみよう。ケロケロと音が出るよ。
カエルの話をしながらケロケロと音を出してもいいし、「♪かえるのうた」をみんなで歌いながら「クヮ」のところで鳴らしても楽しい。
※穴が大きすぎると摩擦がなくなり、うまく音が出ない。

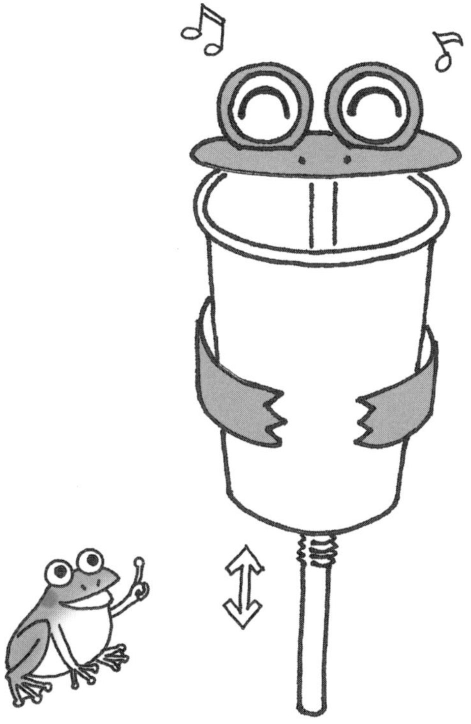

かえるのうた　　岡本敏明・作詞　ドイツ民謡

かえるのうたが　きこえてくるよ
クヮ　クヮ　クヮ　クヮ　ケケケケケケケケ　クヮクヮクヮ

のねずみ

カラーイラストは巻末3ページ

※かわいい5匹のネズミ。カラーコピーして貼るだけ

準　備

☆硬いダンボール（8×32センチ）１枚（＊なければ、厚紙を何枚か貼り合わせて分厚くする）

☆画用紙（6×5センチ）5枚　☆ストロー（直径6ミリ）5本（ジャバラ付がよい）　☆セロテープ　☆はさみ　☆フェルトペン

子どもたちの前で演じて見せるおもちゃです。

「♪いっぴきの　のねずみが穴ぐらに…」の曲に合わせて、1匹ずつネズミを出していくと楽しいですね。

他にも様々な動物が飛び出してくるおもちゃを工夫してみましょう。

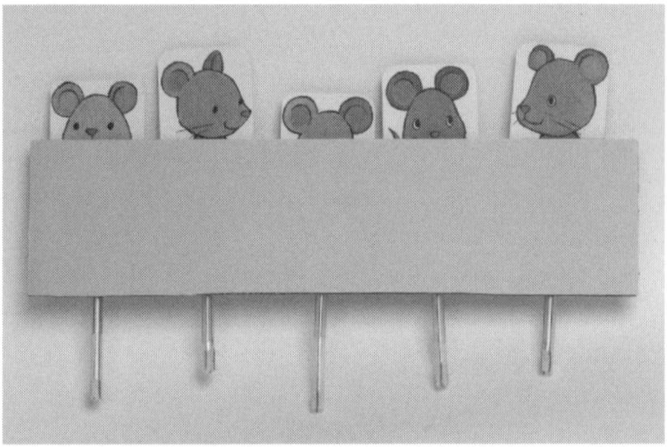

作品写真は巻頭5ページ

作り方

❶ ストローをジャバラ部分の端で切り、ⒶとⒷの 2 つに分ける。
（＊Ⓑは長さが4～5センチ必要なので、別のストローから切り取ってもよい）

❷ ❶のⒶは、ジャバラ部分を残して切り込みを入れる（1ヶ所）。

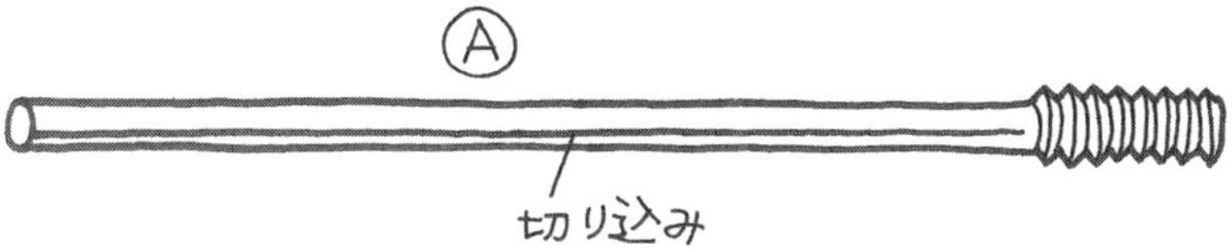

❸ ❶のⒷに❷を通す。これを 5 個作る。

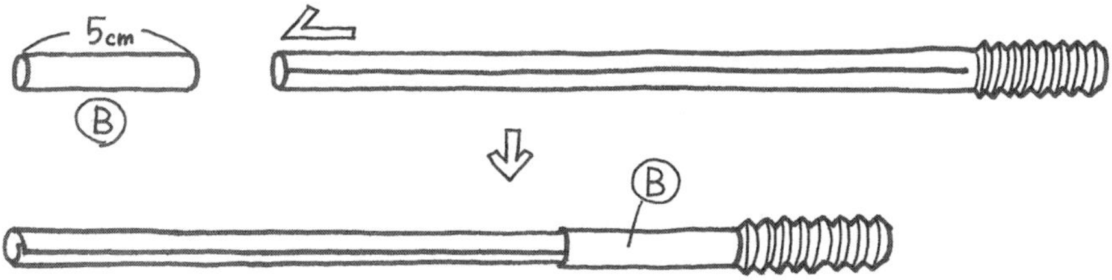

❹ 6×5センチの画用紙にネズミの顔を描く。これを5枚作る。ネズミの顔は、5枚それぞれ違う顔にする。
（巻末 3 ページのカラーイラストをご利用ください）

❺ 8×32センチのダンボールの図の位置に❸のストローのⒷ部分をセロテープで貼りつける。

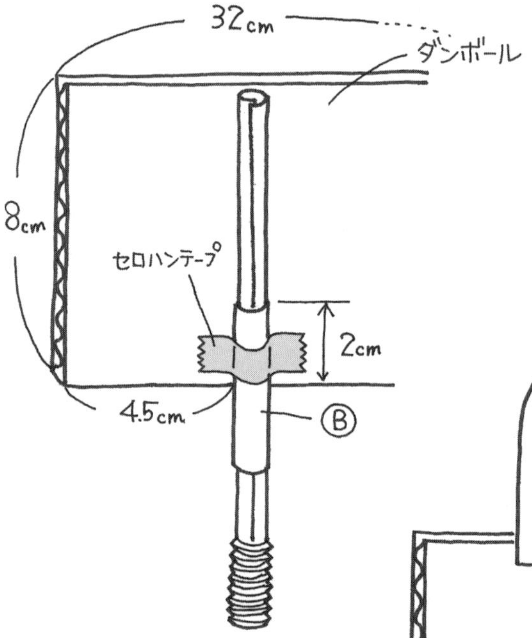

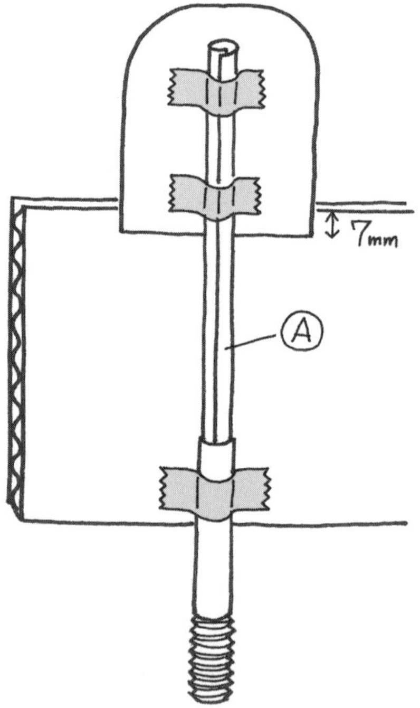

❻ Ⓐのストローを上まで伸ばし、❹のネズミの顔を裏返して図のように置き、セロテープで貼りつける。

❼ 残りの４個も同様に貼りつける。（貼る位置は、図を参照）
（＊裏面が舞台になる。緑色の色画用紙を貼って草原にしたり、茶色の色画用紙を貼って荒地にしたり、工夫してみよう）

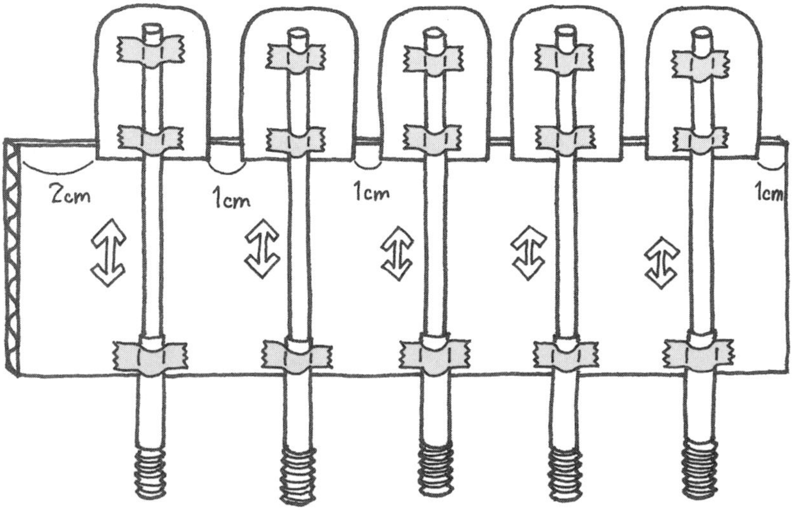
2cm
1cm
1cm
1cm

遊び方

歌を歌いながら１匹ずつ出す遊び方の他に、こんな遊び方もあります。
女の子ネズミ・太陽・雲・風・壁・男の子ネズミの順番に並べておき、「ネズミの嫁入り」の話をしてみましょう。女の子ネズミは出したまま、太陽や雲などは出したり引っ込めたりしながらお話してみましょう。

のねずみ　　　　作者不詳　外国曲

い っ ぴ き の　の ね ず み が
あ な ぐ ら に　あ つ ま っ て　チュ
チュッ　チュチュチュチュチュ　チュッ　チュチュッ　と お お さ わ ぎ

のねずみ（プレゼント用）

子どもたちにも持たせて一緒に遊びたいとき、一人ひとりにプレゼントしたいときは、こんなネズミを作ってみましょう。

ダンボールの代わりに色画用紙を用意し、袋状の中からネズミが出てくるときれいです。

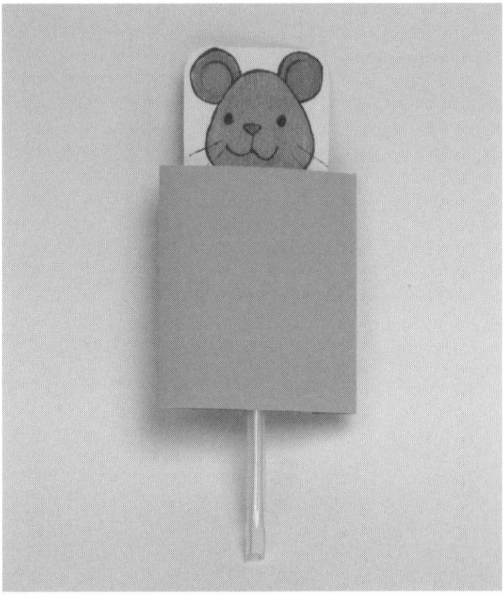

作品写真は巻頭5ページ

作り方

「のねずみ」の作り方❶～❹で、1個のネズミを作る。

❺ 色画用紙を8×15.5センチに切り、折りすじをつけておく。

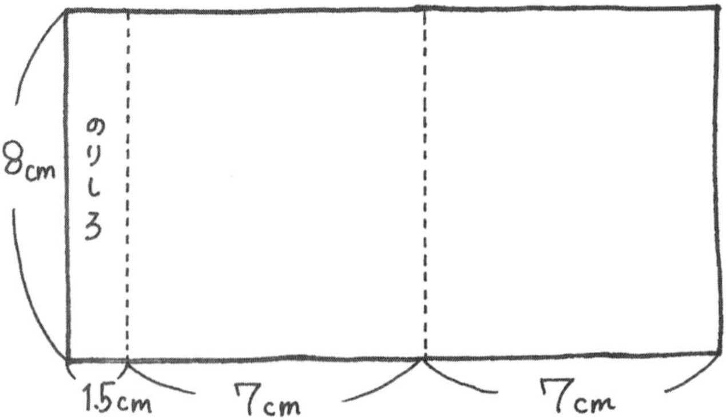

❻ 図の位置に、ストローのⒷ部分をセロテープで貼りつける。Ⓐのストローを上まで伸ばし、❹のネズミの絵を裏返して図のように置き、セロテープで貼りつける。

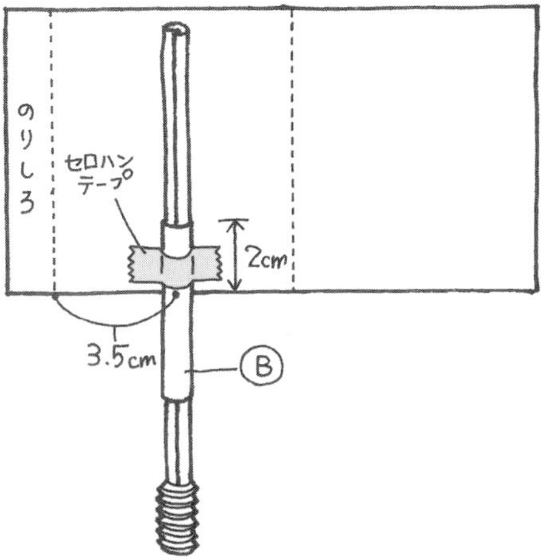

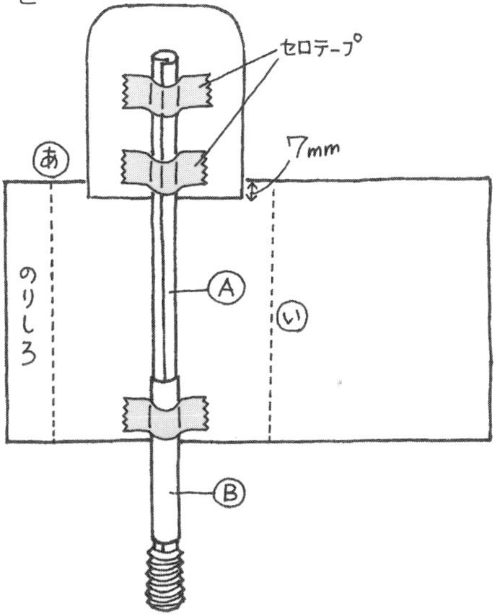

❼ 線(あ)と(い)で谷折りにして、のりしろ部分にボンドをつけて貼り合わせる。

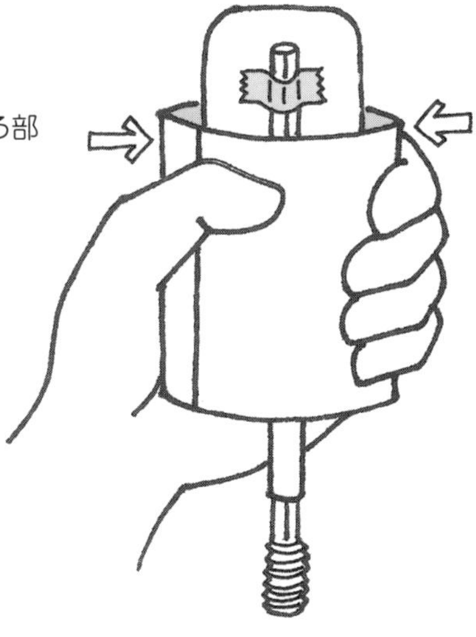

こぶたたぬききつねねこ①

カラーイラストは巻末4ページ

※動物の絵は、カラーコピーして貼るだけ

準　備

☆牛乳パック　2個　☆画用紙（6×30センチ）1枚　☆豆など
☆セロテープ　☆ビニールテープ　☆木工用ボンド　☆はさみ
☆フェルトペン　☆ホチキス

小さな子どもたちが大好きな歌です。人気の秘密は…？　お話にもよく出てくる身近でかわいい動物たちが登場すること・しりとりになっていること・同じ言葉を何度も繰り返すこと・テンポが変わること…などなど、小さな子どもたちが好きなことが見事に一つになっているからです。

この歌を大好きな小さな子どもたちを対象に、ガラガラおもちゃを作ってみました。

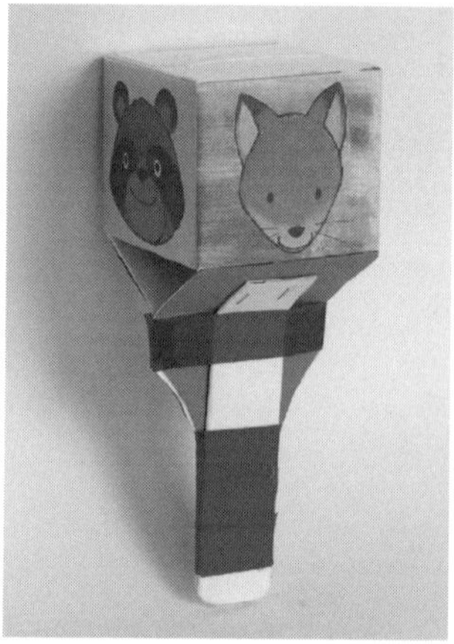

作品写真は巻頭6ページ

作り方

❶ 牛乳パックの4つの側面に、下から6センチ（線あ）と10センチ（線い）の位置に線を引く。Ⓐ面には、図のような曲線うを書き入れておく。

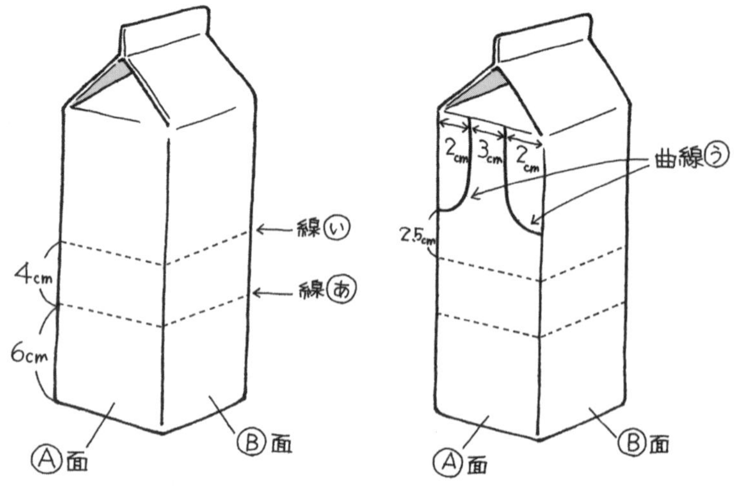

❷ ❶の牛乳パックのふた部分を切り落とし、図のように4つの辺を線㋐のところまで切り込む。

❸ Ⓑ面とⒹ面はそれぞれ線㋑のところで切り、短くする。

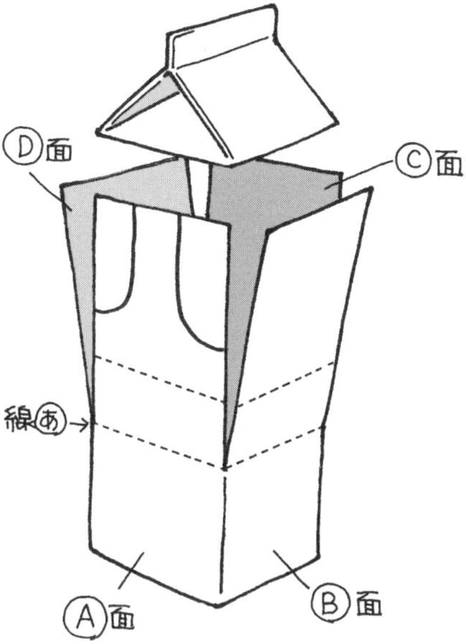

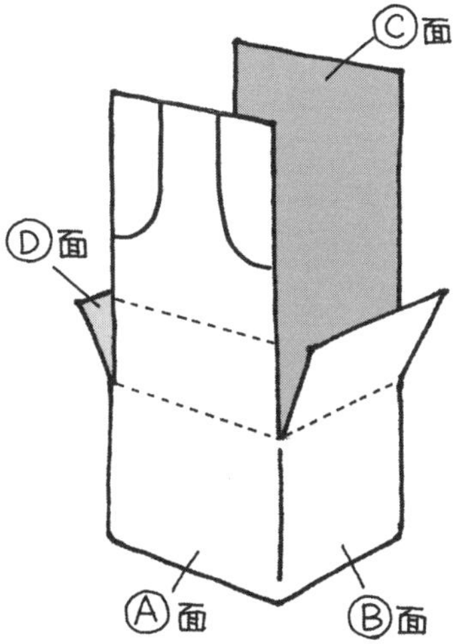

❹ Ⓐ面とⒸ面はそれぞれ線㋐で山折り、線㋑で谷折りの折りすじをつける。Ⓐ面とⒸ面を合わせて持ち、2枚一緒に曲線㋒に沿って切り、斜線部を切り落とす。

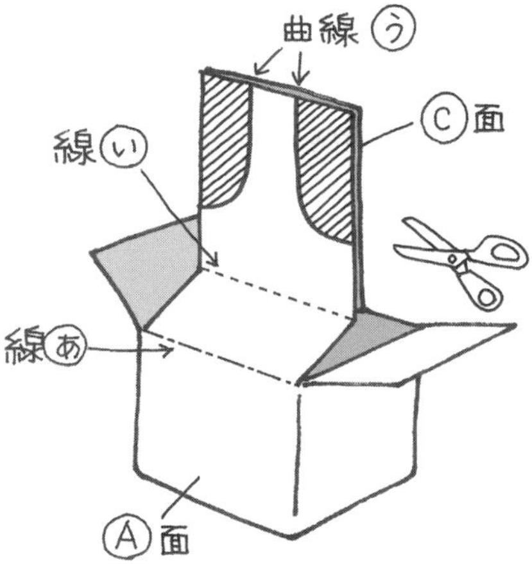

❺ 6×30センチの画用紙に、こぶた・たぬき・きつね・ねこの絵をフェルトペンで描き、❹にボンドで貼る。（巻末4ページのイラストをカラーコピーすれば簡単）

❻ もう一つの牛乳パックを開いて、側面から13×7センチの長方形を２枚切り取り、それぞれ図のように3つ折りにして、セロテープで止める。下から2.5センチのところで折り曲げておく。

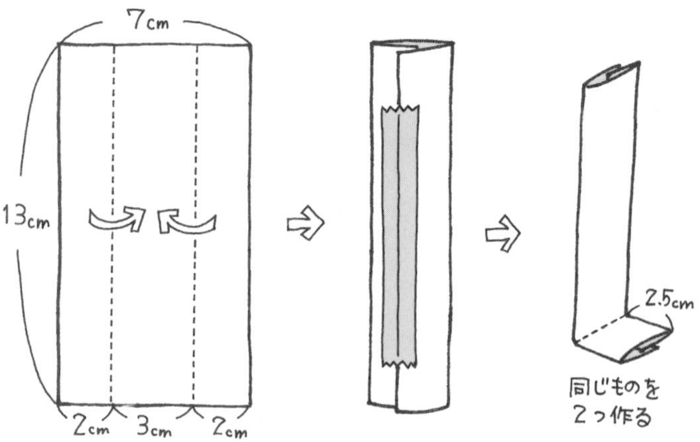
7cm
13cm
2cm
3cm
2cm
2.5cm
同じものを
2つ作る

❼ ❺の牛乳パックの中に豆などを入れ、Ⓑ面とⒹ面を線(あ)で折り曲げてふたをして、セロテープで止める。

❽ Ⓐ面とⒸ面それぞれに、❻をホチキスで止める。

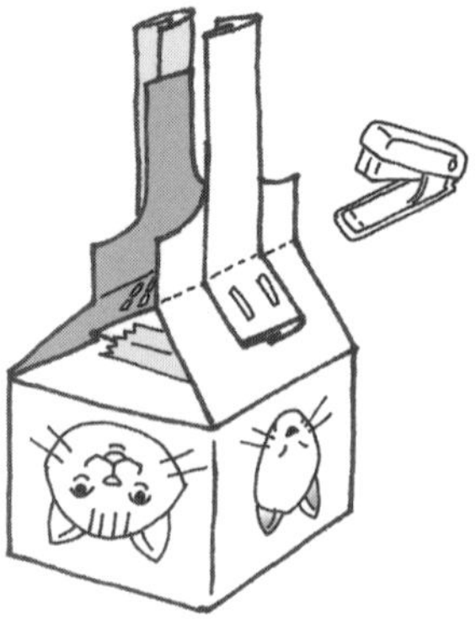

❾ 図のようにビニールテープを巻いて、持ち手を固定する。角の部分を丸く切って、形を整える。

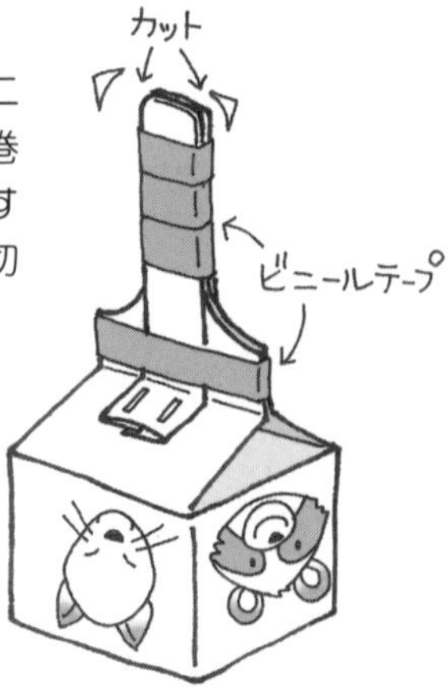
カット
ビニールテープ

遊び方

歌に合わせてマラカスのように振って音を出したり、歌詞に合わせてその動物の絵を出して子どもたちに見せたり、いろいろ工夫して遊びましょう。

こぶたぬきつねこ　　　　山本直純・作詞・作曲

こぶたたぬききつねねこ②

カラーイラストは巻末５ページ

※拡大カラーコピーして、表裏を貼り合わせると、簡単に作れます

準　備

☆色画用紙（少し厚手のもの）1枚　☆セロテープ　☆はさみ
☆フェルトペン

①にくらべて作るのは簡単。でも、遊ぶのは4～5歳にならないと難しいかもしれません。昔からある四枚絵の方法を使ってみましょう。

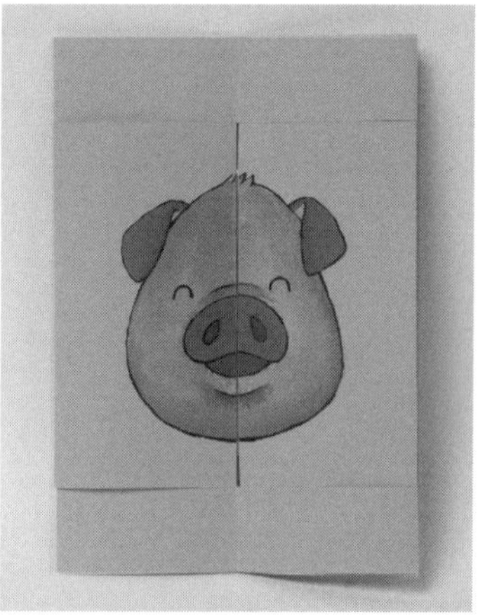

作品写真は巻頭６ページ

作り方

❶ 色画用紙をタテ4つに折り、太線部分に切り込みを入れる。

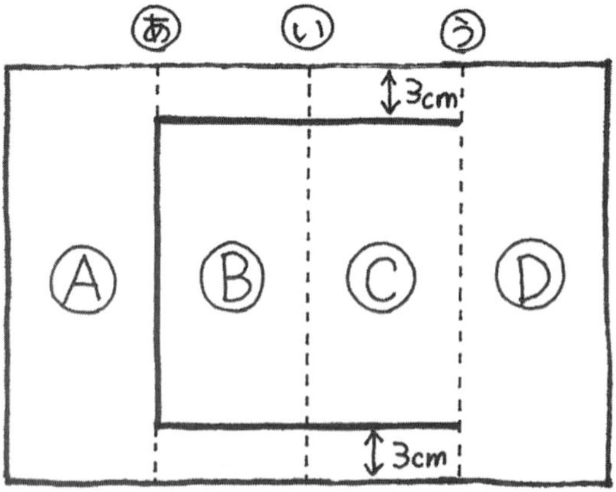

（巻末５ページのイラストを半分に折って表裏を貼り合わせ、実線に切り込みを入れたら、後は❷から手順に沿って作ればすぐ完成！）

❷ 次の順で折りたたんでセロテープで止める。

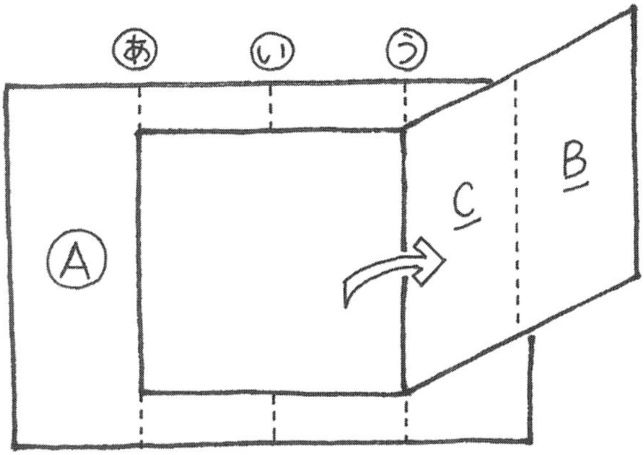

点線㋒で谷折り

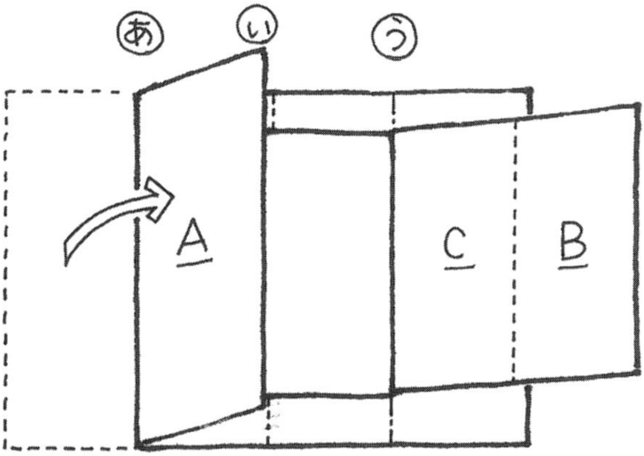

点線㋐で谷折り

点線㋒で山折り
（後ろへ折る）

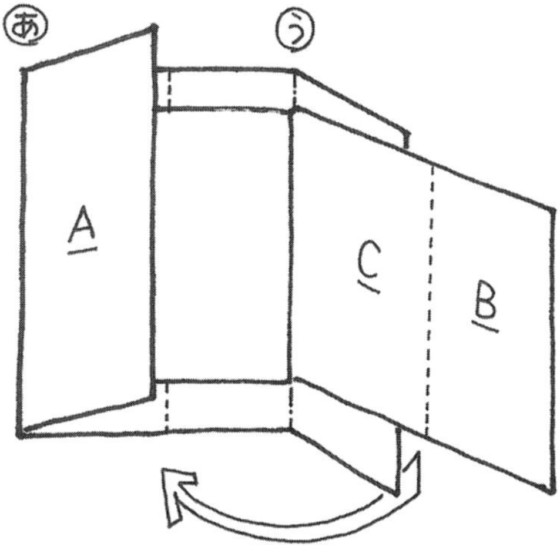

Ⓑを Ⓐの前に出し、セロテープで止める。

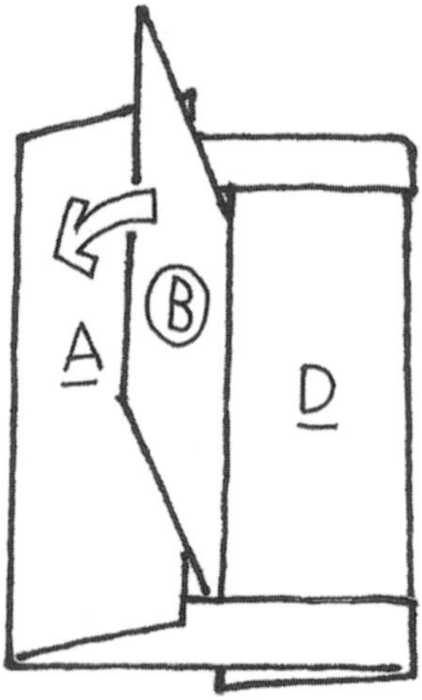

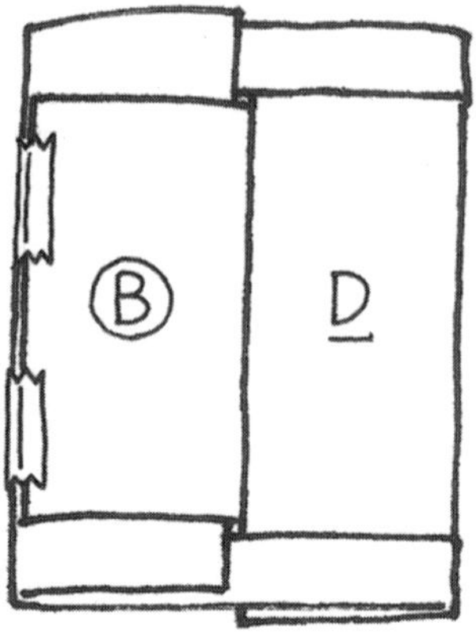

Ⓑと Ⓓが中になるようにまん中で谷折りし、後ろから開くと、Ⓐと Ⓒの面になる。
これを裏返した面が、こぶたを描く面。

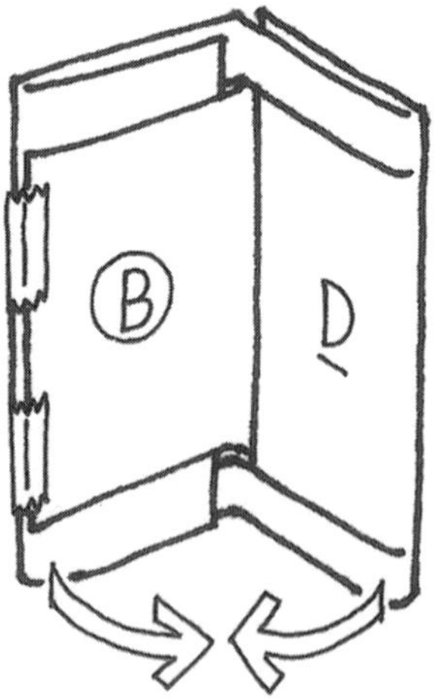

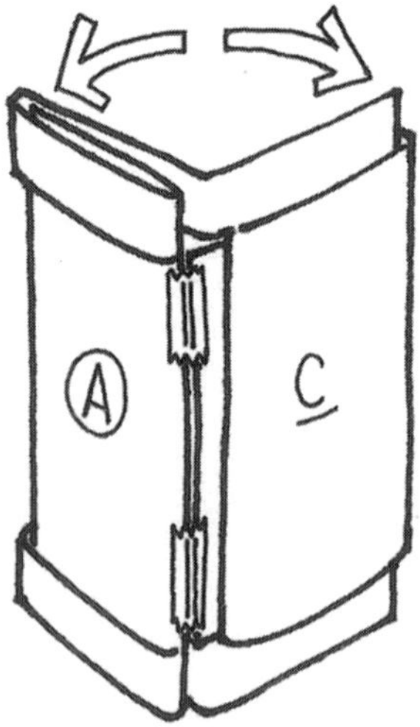

※この面は、たぬきの面
この裏面が、こぶたの面

❸ こぶた・たぬき・きつね・ねこの絵を、次の順番に描いていく。
1.こぶたの絵を描く
2.裏返して、たぬきの絵を描く
3.まん中で山折りしてまん中から開く。出てきた面にきつねを描く
4.まん中で山折りしてまん中から開く。出てきた面にねこを描く

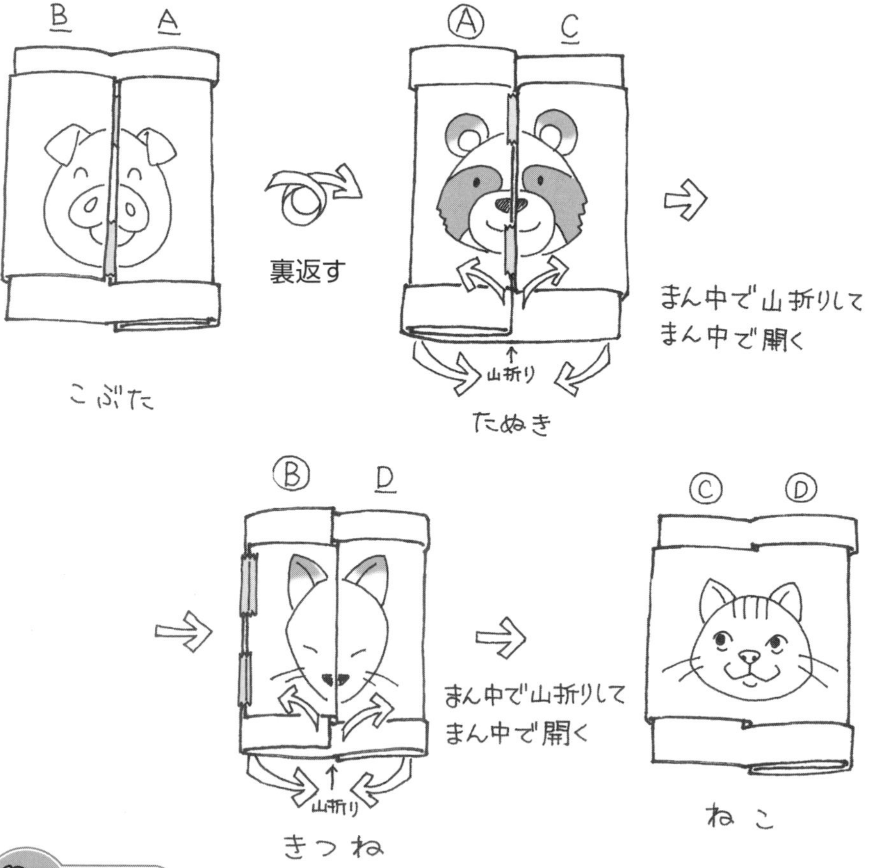
B A
こぶた
裏返す
Ⓐ C
山折り
たぬき
まん中で山折りして
まん中で開く
Ⓑ D
山折り
きつね
まん中で山折りして
まん中で開く
Ⓒ Ⓓ
ねこ

遊び方

「こぶた…たぬき…きつね…ねこ…」と歌いながら、その動物を出していく。
ねこまで出した後は、「ねこ…きつね…たぬき…こぶた…」と逆に歌いながら、はじめの状態までもどす。
他の組み合わせを考えて遊んでみましょう。
例えば、「コアラ・ラクダ・ダチョウ・ウサギ」や、「ヒヨコ・こびと・とけい・イヌ」などでもできますね。

たまごの中から・・・

カラーイラストは巻末４ページ

※たまごとヒヨコのかわいい絵をカラーコピーしてお使いください

準　備

☆白い厚紙（12×10センチ）（＊白いものがなければ、白画用紙を厚紙に貼って使う）
☆色画用紙（黄色・白と黄色以外の色）　☆木工用ボンド　☆はさみ
☆フェルトペン

「♪たまご　たまごがパチンとわれて、中からひよこが…」ーこの歌に合わせて遊べる、簡単な仕掛けのおもちゃです。

このおもちゃの素材は、折り曲がりにくいことが大切です。画用紙よりはケント紙を使いたいところです。

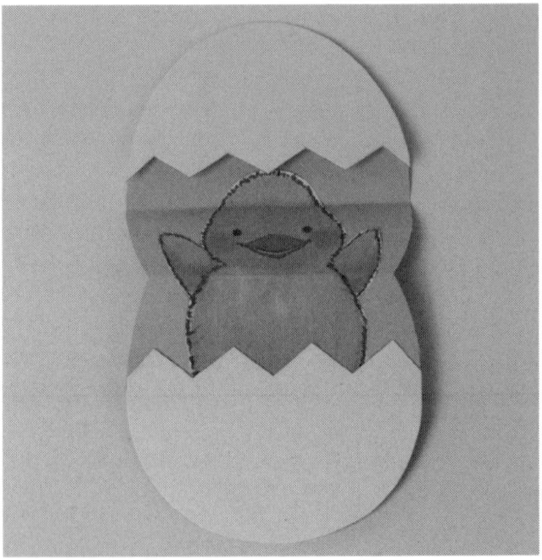

作品写真は巻頭７ページ

作り方

❶ 12×10センチの白い厚紙から、図のようなたまごの形を切り取る。上下のまん中をぎざぎざの形に切り、Ⓐと Ⓑの２つの部分に分ける。

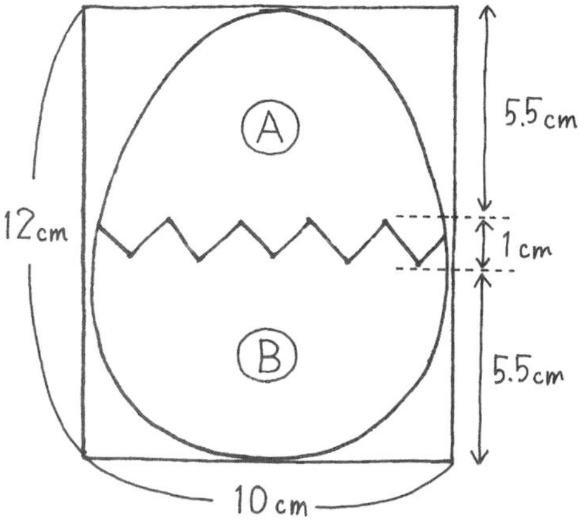

❷ 色画用紙から、台紙になるⒸと、ヒヨコⒹを切り取る（Ⓒは白と黄色以外の色・Ⓓは黄色の色画用紙）。Ⓒは㊀を谷折り、㊁を山折りにしておく。ヒヨコⒹをⒸの上に図のように置き、Ⓒの折りすじ㊀・㊁に沿って一度折り曲げてから、ボンドで貼る。

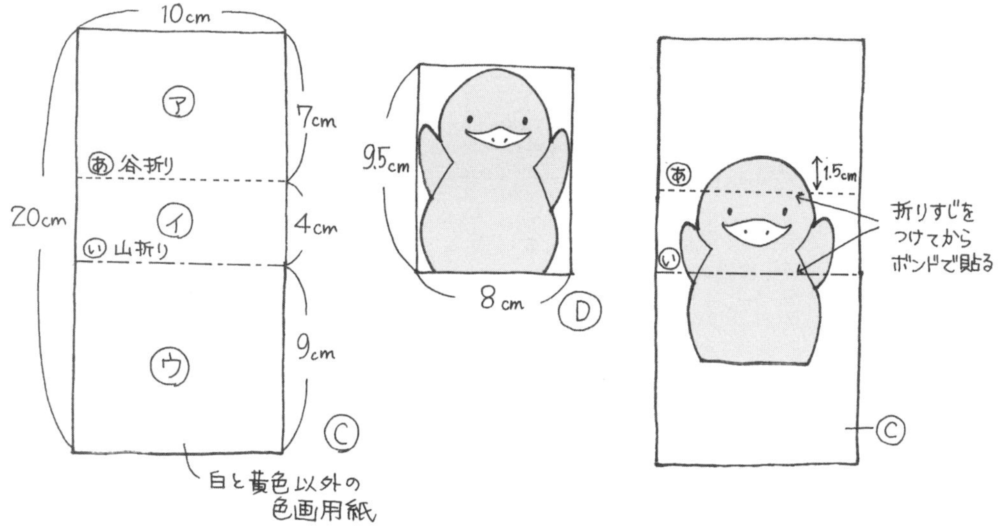

❸ ❷の㋒部分に、Ⓑをボンドで貼り、(あ)と(い)の折りすじに沿って折りたたむ。

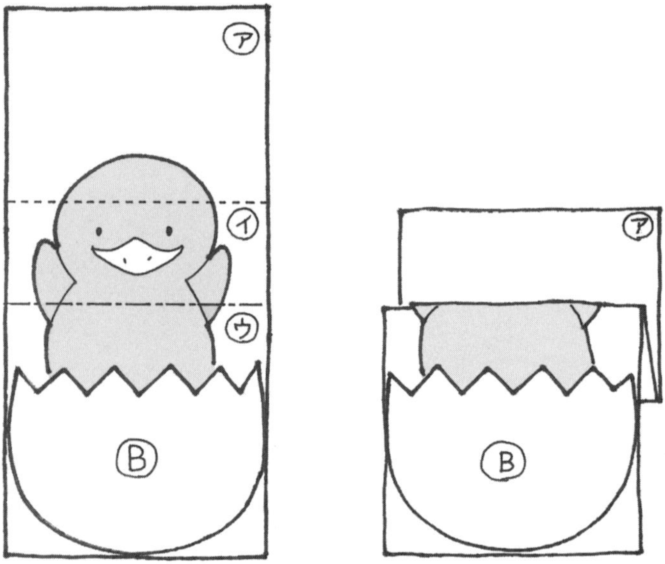

㋐
㋑
㋒
Ⓑ
㋐
Ⓑ

❹ Ⓐの裏面に上から2.5センチくらいまでボンドをつけ、㋐部分に貼る。

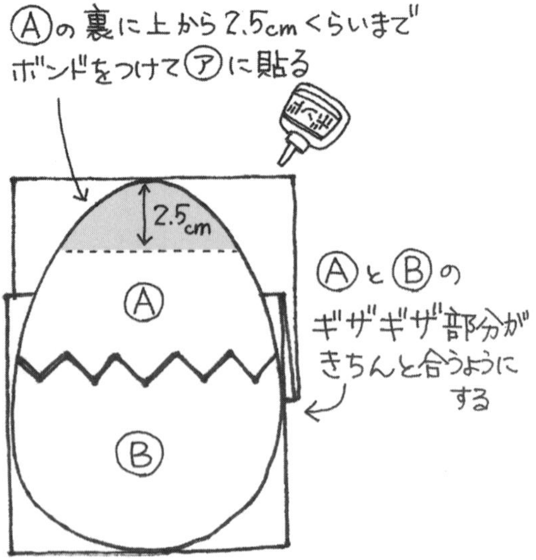

Ⓐの裏に上から2.5cmくらいまで
ボンドをつけて㋐に貼る
2.5cm
Ⓐ
Ⓑ
ⒶとⒷの
ギザギザ部分が
きちんと合うように
する

5 ❹の台紙を、たまごの形に沿って切り落とす。

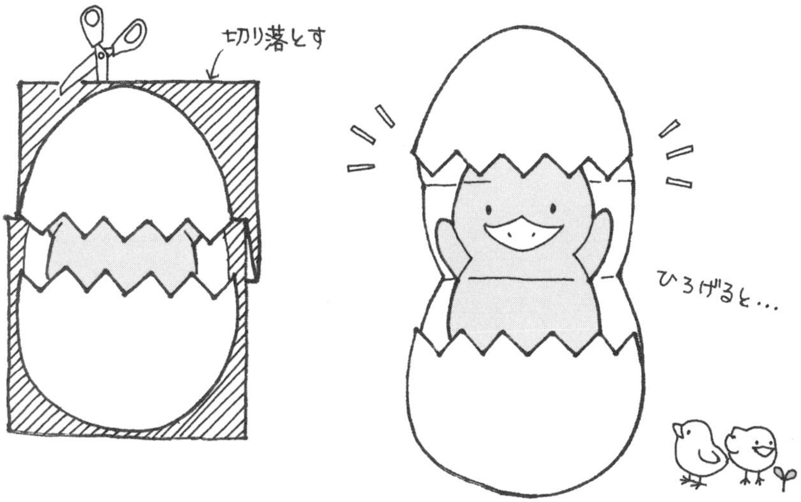
切り落とす
ひろげると…

遊び方

④を折り目で折り、たまごの殻《から》を閉じる。
歌に合わせて、上図のように引っぱるとヒヨコが飛び出す。

たまごたまご　　作者不詳

た まご た ま ご が パ チ ン と わ れ て な か か ら ひ よ こ が
ピヨ ピヨ ピヨ ま あ か わ いぃ ピヨ ピヨ ピヨ

トンボ

型紙は巻末９ページ

準　備

☆画用紙　☆ストロー（直径６ミリ）２本　☆クリップ　１個
☆両面テープ　☆はさみ　☆フェルトペン

「♪とんぼのめがね」の歌に合わせて、手作りおもちゃのトンボを見せたい。しかも、実際に紙飛行機のように飛ばして遊ぶことができるトンボがあったら！　そんな思いで作った「トンボ飛行機」です。

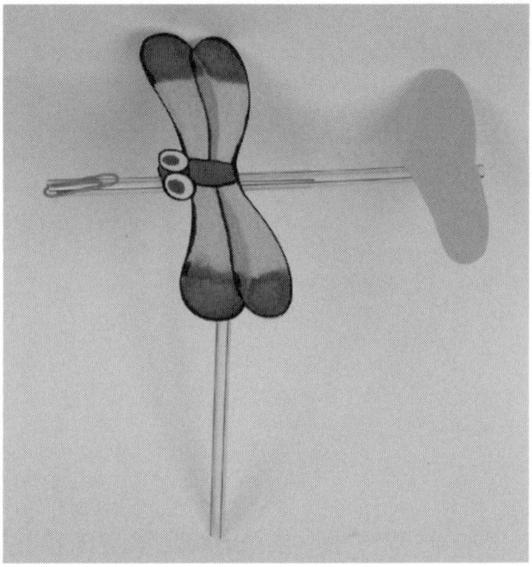

作品写真は巻頭７ページ

作り方

❶ 画用紙を図の形に切る。Ⓐには、目・羽の色や模様を描き入れる（表裏両面ともに入れる）。
（Ⓑは、バランスを取るためのもので、色はつけない）。

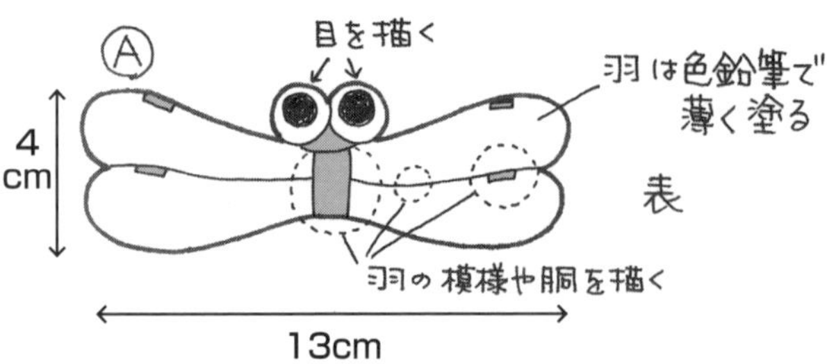
Ⓐ
目を描く
羽は色鉛筆で
薄く塗る
4
cm
表
羽の模様や胴を描く
13cm

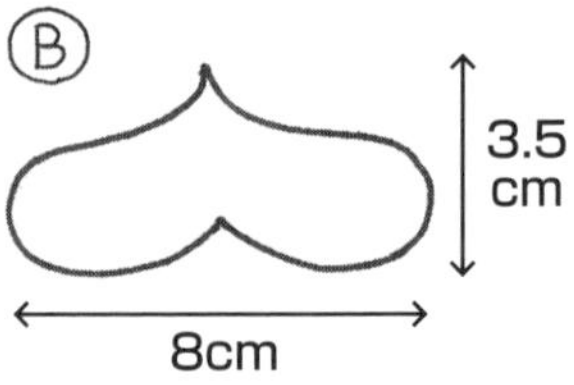
Ⓑ
3.5
cm
8cm

❷ Ⓐの裏面とⒷの１つの面に、図のように両面テープを貼る。

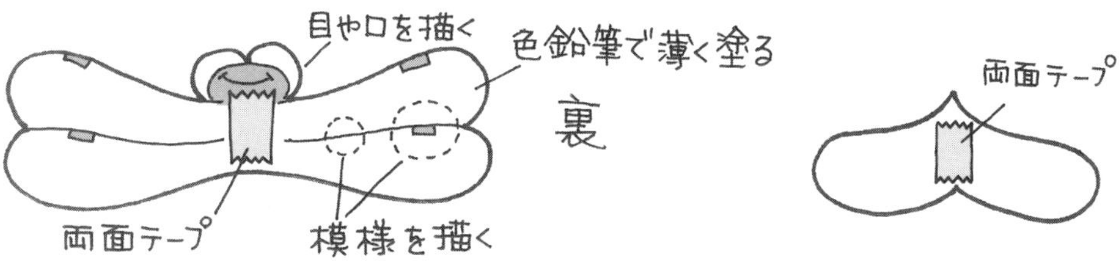
目や口を描く
色鉛筆で薄く塗る
裏
両面テープ
模様を描く
両面テープ

❸ ストローを長さ17センチに切る。

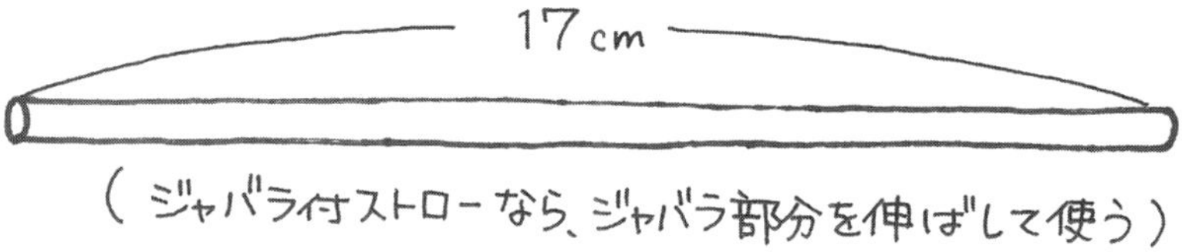
17cm
（ジャバラ付ストローなら、ジャバラ部分を伸ばして使う）

❹ ❷の両面テープで、ストローの先から4センチの位置に頭が来るように貼る。
ストローの反対側ぎりぎりの位置にⒷのバランス羽根をつける。
先端にクリップをつける。

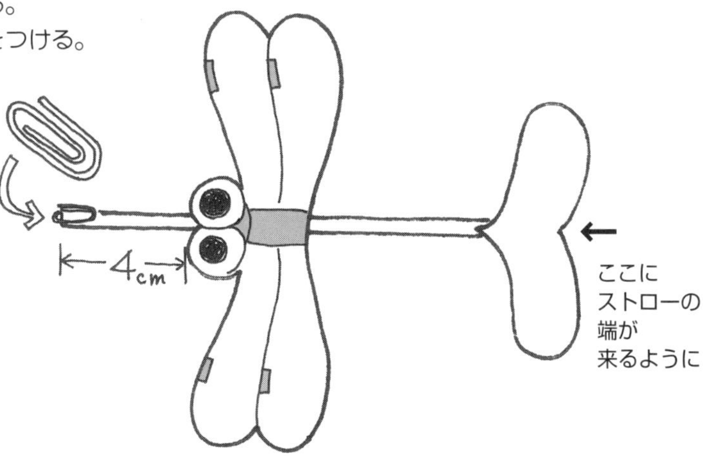
4cm
ここに
ストローの
端が
来るように

❺ もう一本の同じ太さのストローを、図のように端から2センチくらいの位置で切る。（切り離さずに、3ミリくらい残す）
切った2センチ部分に切り込みを入れる。

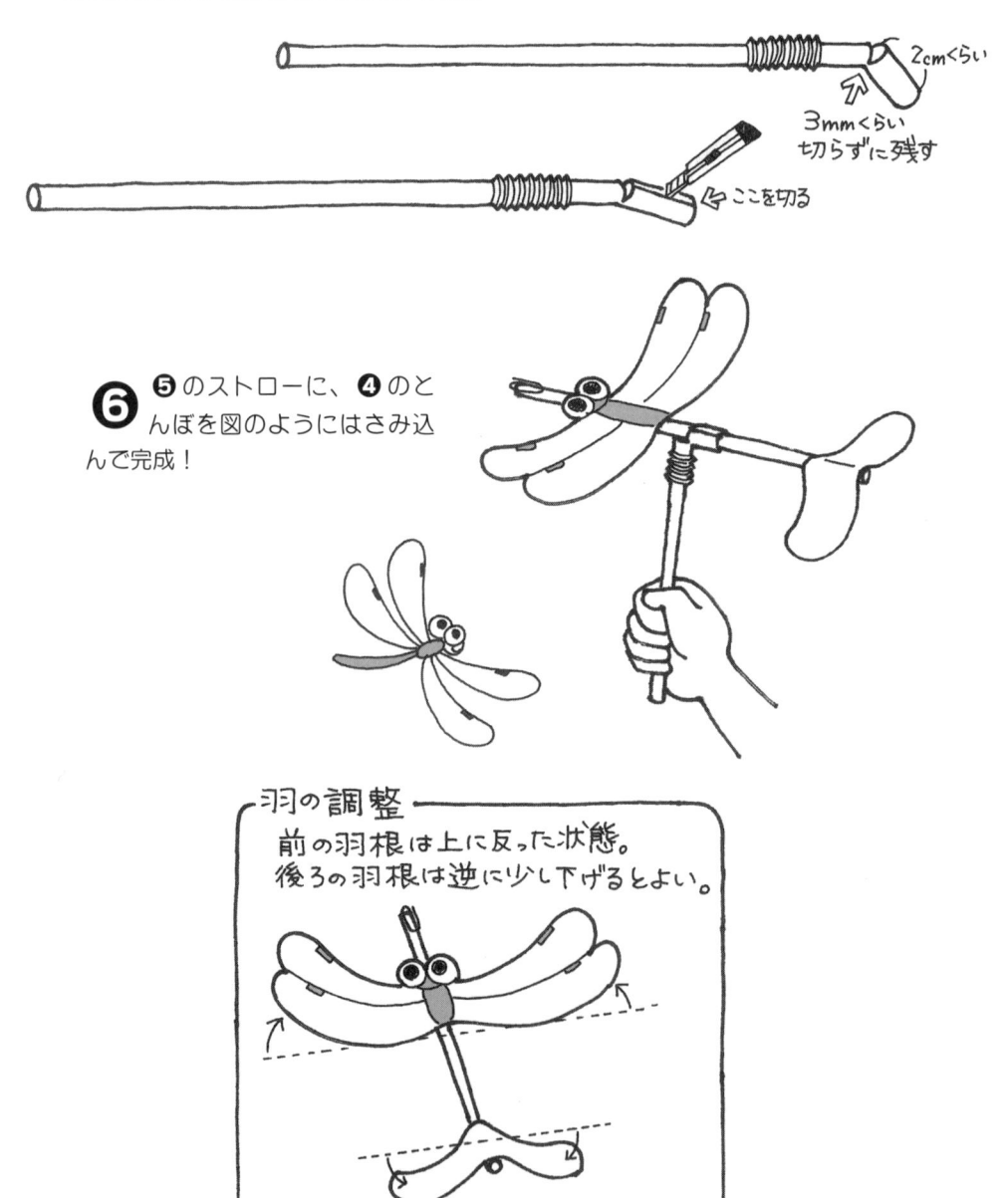

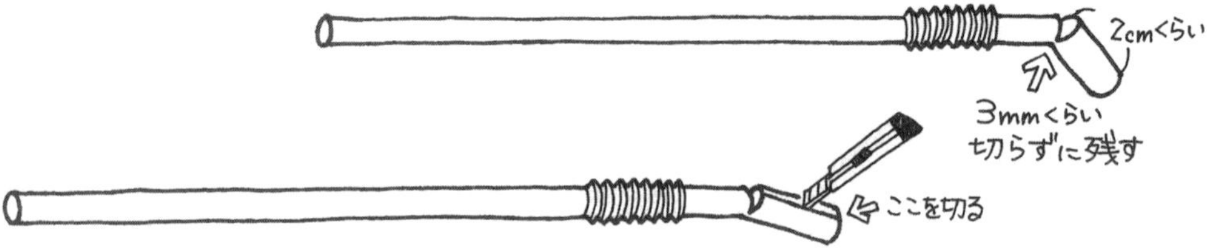
2cmくらい
3mmくらい
切らずに残す
ここを切る

❻ ❺のストローに、❹のとんぼを図のようにはさみ込んで完成！

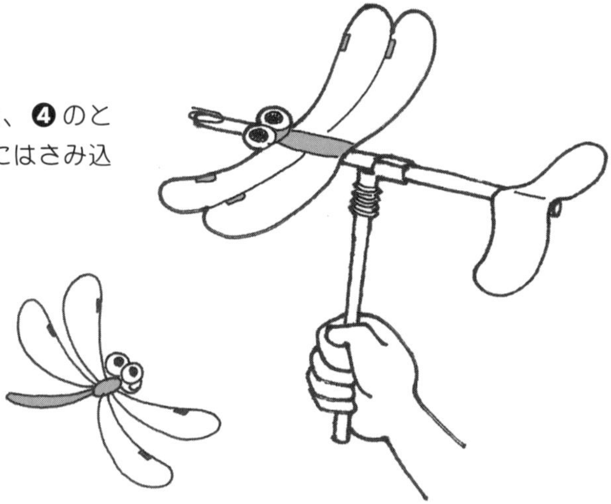

羽の調整

前の羽根は上に反った状態。
後ろの羽根は逆に少し下げるとよい。

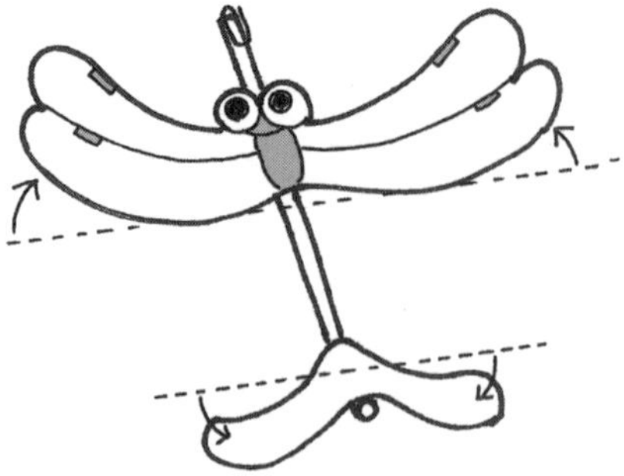

うしろから見た図

遊び方

「♪とんぼのめがね」の歌の歌詞に合わせて、水色・赤色などトンボの目の色を変えて用意しておいても楽しいですね。
トンボのお話をしながら、子どもたちの頭に次々に止まらせてもいいし、トンボ飛行機をたくさん作って、みんなで飛ばしっこしても楽しいでしょう。

（トンボ飛行機を飛ばすポイント）

右に曲るときは、図のように左の羽根を少し下に下げて低抗をつけるとよい。

左に曲るときは、図のように右の羽根を少し下に下げて低抗をつけるとよい。

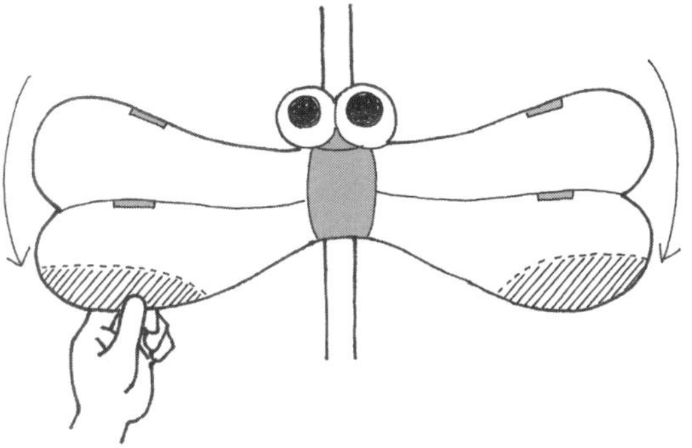

とんぼのめがね　　額賀誠志・作詞　平井康三郎・作曲

1.と ん ぼ の め が ね は み ず い ろ め が ね
2.と ん ぼ の め が ね は ぴ か ぴ か め が ね
3.と ん ぼ の め が ね は あ か い ろ め が ね
あ ー お い お そ ら を と ん だ か ら
お て ん と さ ー ま を み て た か ら
ゆ う や け ぐ ー も を と ん だ か ら
と ん だ か ら ー
み て た か ら ー
と ん だ か ら ー

キツネの変身

カラーイラストは巻末6ページ

※カラーコピーして厚紙に貼るだけ

準 備

☆厚紙（12×8センチ）2枚　☆割りばし　1膳　☆セロテープ
☆木工用ボンド　☆カッター　☆フェルトペン

キツネが化《ば》ける昔話はたくさんあります。かつては身近にいたキツネも、動物園で見る動物になりました。だからこそ、キツネのお話や手遊びをたくさんしてあげたいですね。

そこで、子どもが好きなクイズ形式のおもちゃを考えました。キツネがある形の黒い影に変身し、なんだろう？　と考えると、パッと正解が出てくるという仕掛けです。

作品写真は巻頭7ページ

作り方

❶ 12×8センチの厚紙を２枚用意し、図のような絵を描き入れる。（１枚目は、キツネとカエルを表裏に。２枚目は、カエルの影を片面に）

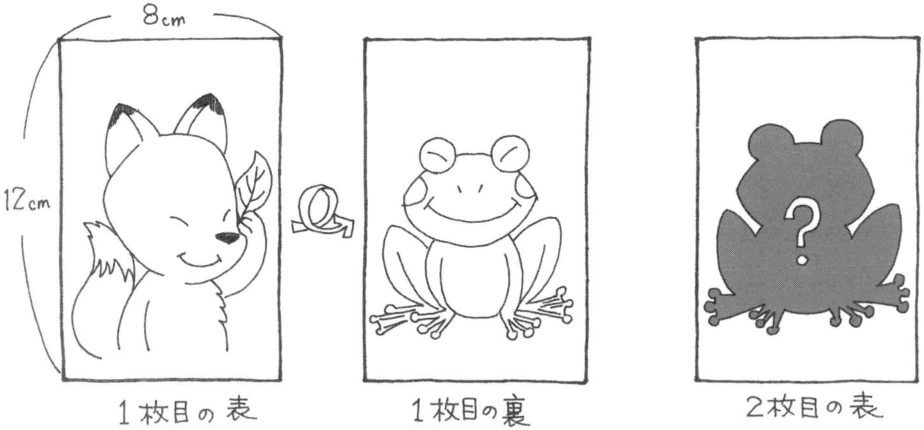
8cm
12cm
?
1枚目の表
1枚目の裏
2枚目の表

❷ ２枚の厚紙を、セロテープで図のようにつなぐ。
（カエルとカエルの影の面をつける。２枚の間は、５ミリあける）

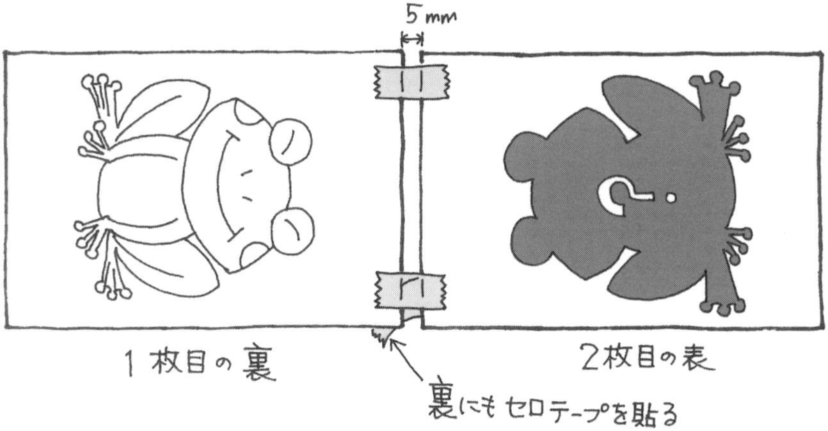
5mm
1枚目の裏
2枚目の表
裏にもセロテープを貼る

❸ 割ばしを１膳用意し、太い方から16センチのところで切る。

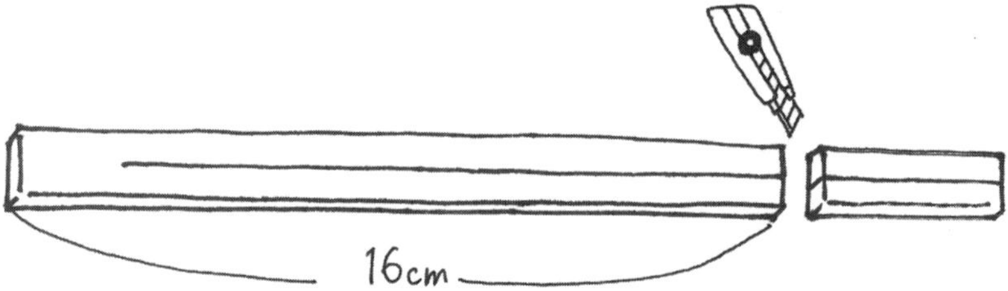
16cm

❹ ２枚目の裏面（何も描いていない面）に、割りばしの細い方をボンドとセロテープでつける。（貼る位置は図を参照）
これででき上がり！

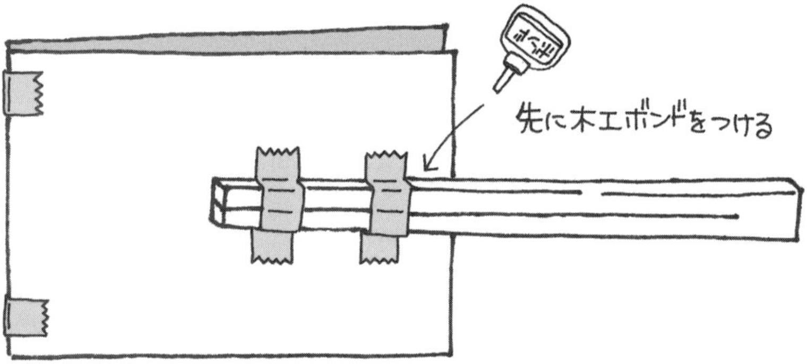
先に木工ボンドをつける

遊び方

「キツネがばけたとさ･･･」でやるとき：

①キツネの面を子どもたちに見せておいて、
「キツネがね･･･」と言いながら･･････、

「キツネがね…」

②「ドロン･･･」で、図のような軌道で
割りばしを手前に持ってくると、
1枚目が後ろへ。カエルの影が現れる。
「なーんだ？」と、子どもたちに聞く。

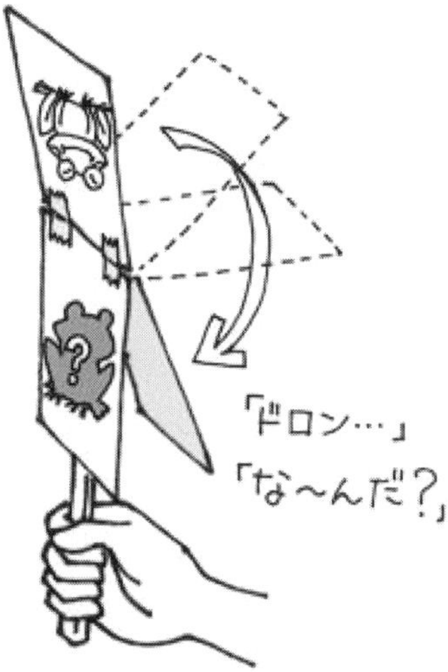
「ドロン…」
「な〜んだ?」
手前から押し上げ
1枚目を後にもっていく

③「当たり?」
カードをまわして、
1枚目の裏の答えを見せる。

＊キツネが他の動物
に化けるバージョン
や、タヌキや忍者が
化けるパターンを
作っても楽しいで
しょう。

「あたり〜!」
手前をまわして
裏の答えを見せる

ねんねんころり

型紙は巻末10ページ

準 備

☆色画用紙（茶色・薄茶色・白）　☆ストロー㊄（直径6ミリ）1本
☆ストロー㊊（直径4〜4.5ミリ）1本　☆セロテープ
☆両面テープ　☆木工用ボンド　☆はさみ　☆フェルトペン

親が子どもをあやしながら子守り唄を歌っている―かつてはありふれた光景でしたが、現代ではあまり見かけません。とても残念です。あの素敵な光景をぜひおもちゃにしたい、と思い、試行錯誤の末、思わぬ方法で完成しました。作るのは少し大変ですが、ぜひチャレンジしてみてください。

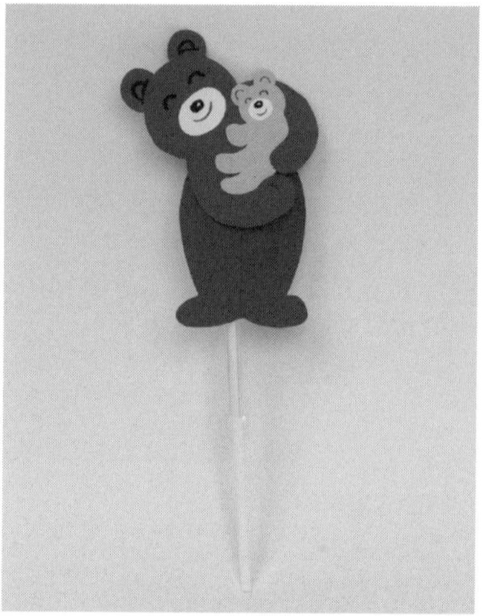

作品写真は巻頭8ページ

作り方

❶ 色画用紙で図のような形を切り抜く。

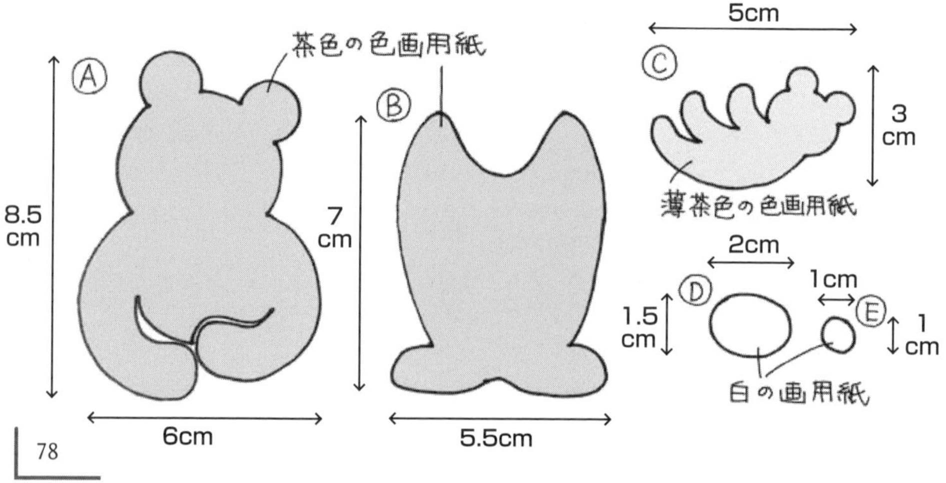

Ⓐ
8.5 cm
6cm
茶色の色画用紙
Ⓑ
7 cm
5.5cm
Ⓒ
5cm
3 cm
薄茶色の色画用紙
Ⓓ
2cm
1.5 cm
Ⓔ
1cm
1 cm
白の画用紙

❷ ⒶにⒹを、ⒸにⒺをボンドで貼り、顔を描き入れる。Ⓐの母グマの手に、Ⓒの子グマを抱かせるように貼る。Ⓑに足を描く。

ペンで描く
Ⓐ
Ⓓ
Ⓒ
Ⓔ
ペンで描く

❸ ストロー(細)2本を図のような方法でつなぎ、23センチくらいにする。

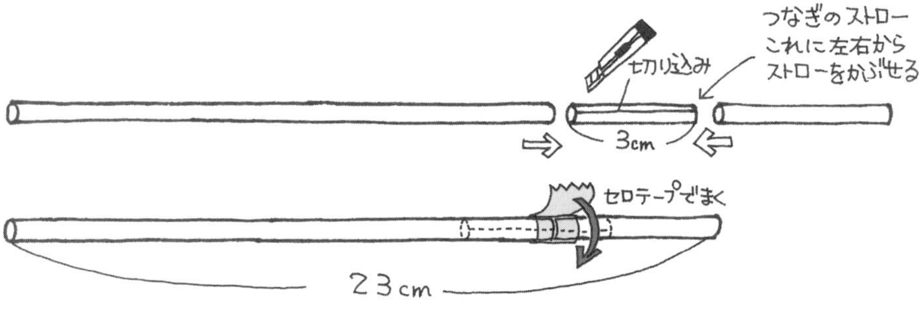
つなぎのストロー
これに左右から
ストローをかぶせる
切り込み
3cm
セロテープでまく
23cm

❹ ストロー(太)を8センチに切り、❸のストローを通す。図のように(あ)と(い)の2ヶ所で折り曲げ、先端をストロー(太)にセロテープで固定する。

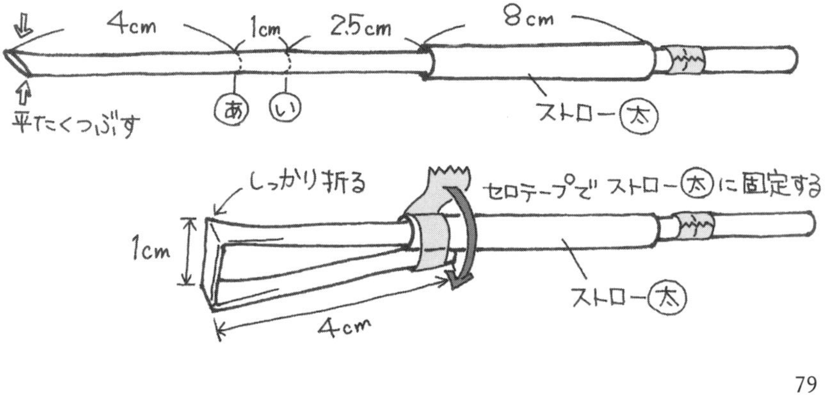
4cm
1cm
2.5cm
8cm
平たくつぶす
(あ)
(い)
ストロー(太)
しっかり折る
セロテープでストロー(太)に固定する
1cm
4cm
ストロー(太)

❺ 0.7×4センチの画用紙の切れはしに両面テープをつける。これを使って、❷のクマの裏面に❹のストローを図のように貼りつける。

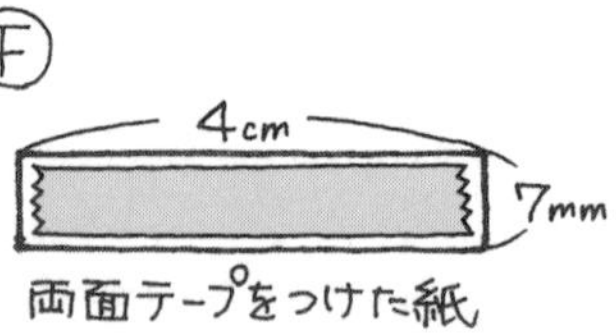
Ⓕ
4cm
7mm
両面テープをつけた紙

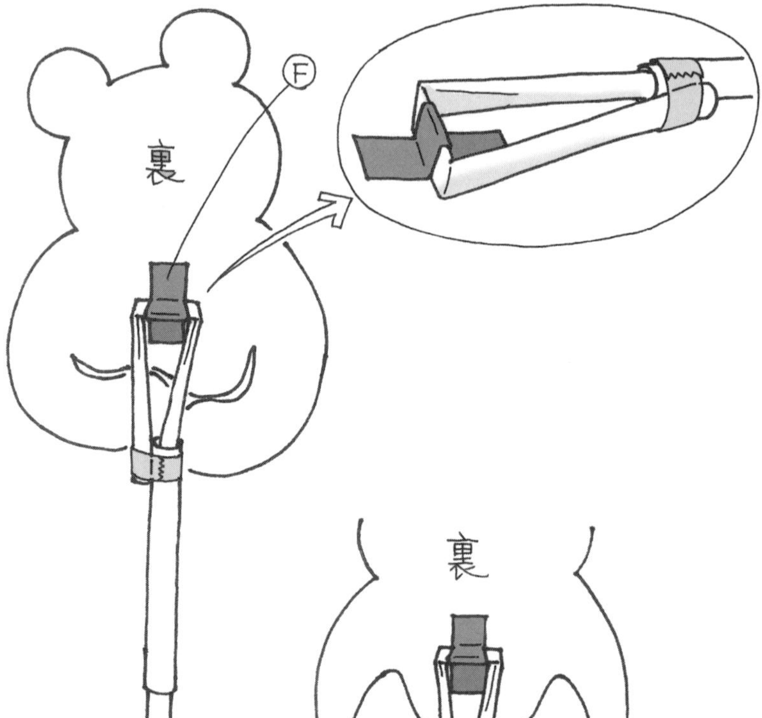
裏
Ⓕ

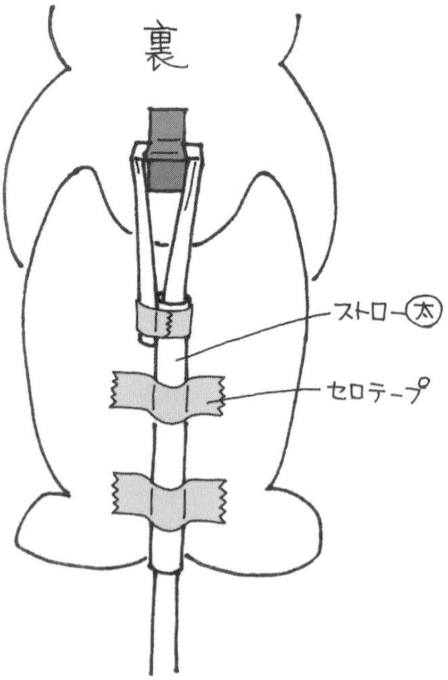
裏
ストロー(太)
セロテープ

❻ Ⓑ（下半身）の裏面に、❺ストロー(太)の部分を図のようにセロテープで止める。

遊び方

ストローを上下にスライドさせると左右に揺れ、母クマが子どもをあやします。
「♪ねんねんころり」の歌に合わせて、ゆっくりゆっくりゆすってみましょう。
＊同じ仕組みで、おんぶタイプもできます（巻頭写真８ページ）。作ってみてください。

おんぶタイプ

上半身Ⓐをおんぶ
している形に変える

下半身Ⓑは
だっこタイプと同じ

ねんねんころりよ

わらべうた

ねーん ねん ころ り よ おこーろ り よ
ぼう や は よ い こ だ ね ん ね し な

ももたろう

型紙は巻末10ページ

準　備

☆色画用紙（桃色・緑色・肌色・白）　☆ストロー(太)（直径6ミリ）1本
☆ストロー(細)（直径4～4.5ミリ）1本　☆木工用ボンド
☆ホチキス　☆はさみ　☆フェルトペン

日本の昔話といえばなんといっても桃太郎！　誰もが、桃がパカーッと割れて桃太郎が出て来る場面を思いうかべるでしょう。

「チョウ」や「花開く」の仕掛けの応用です。「パカッ」と音がするところも、なかなかいい感じですよ。

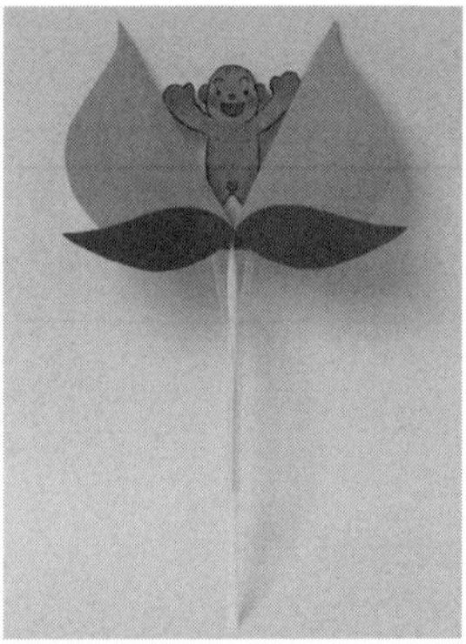

作品写真は巻頭8ページ

作り方

❶ 色画用紙を図のように切る。Ⓐ・Ⓑ・Ⓓは2枚ずつ作る。Ⓒ（ももたろう）に、フェルトペンで顔を描き入れる。

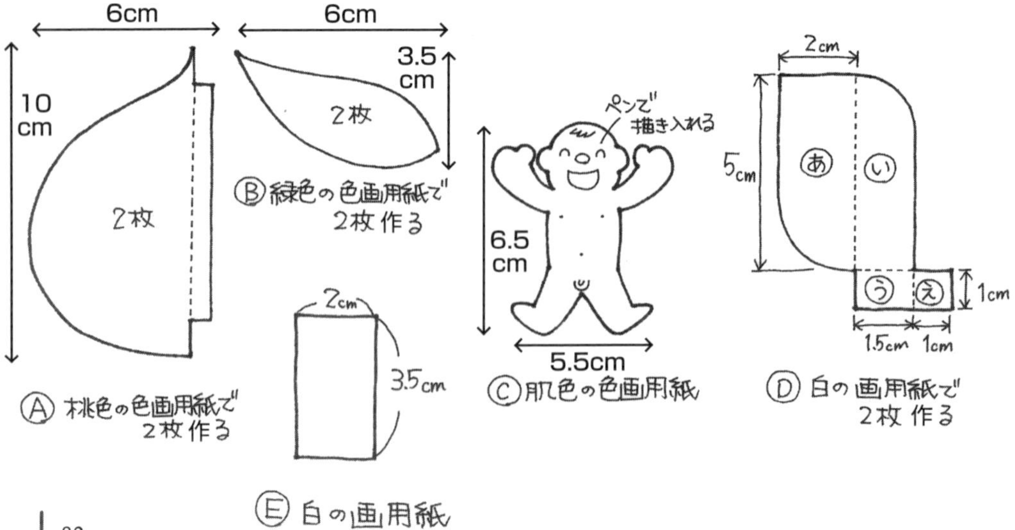
6cm
10
cm
2枚
Ⓐ 桃色の色画用紙で
2枚作る
6cm
3.5
cm
2枚
Ⓑ 緑色の色画用紙で
2枚作る
ペンで
描き入れる
6.5
cm
5.5cm
Ⓒ 肌色の色画用紙
2cm
5cm
あ
い
う
え
1cm
1.5cm
1cm
Ⓓ 白の画用紙で
2枚 作る
2cm
3.5cm
Ⓔ 白の画用紙

❷ Ⓓのうち1枚を裏返して左右対称に置き、それぞれ点線部分を谷折りする。図の(う)（斜線部分）の裏にボンドをつけ、貼り合わせる。

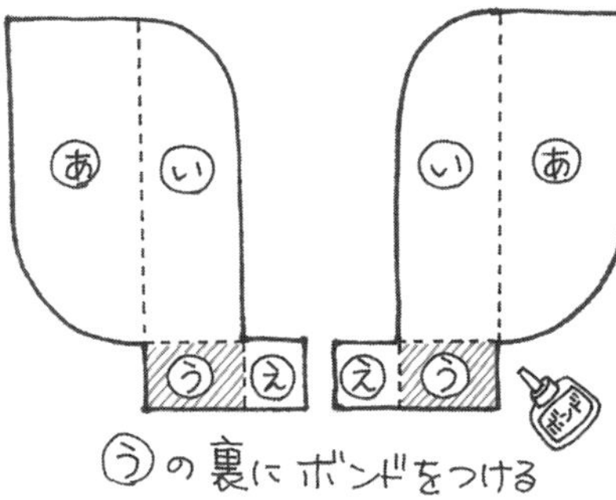

あ
い
う
え
ボンド
(う)の裏にボンドをつける

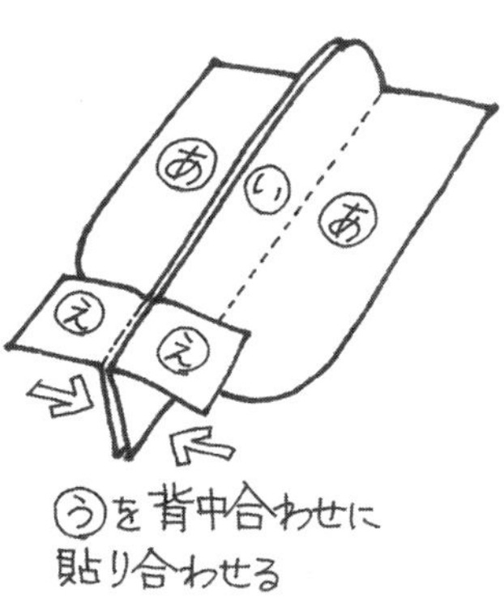

あ
い
え
(う)を背中合わせに
貼り合わせる

❸ ストロー(細)の先端を1センチくらい切り込み、❷の(う)部分にホチキスで止める。

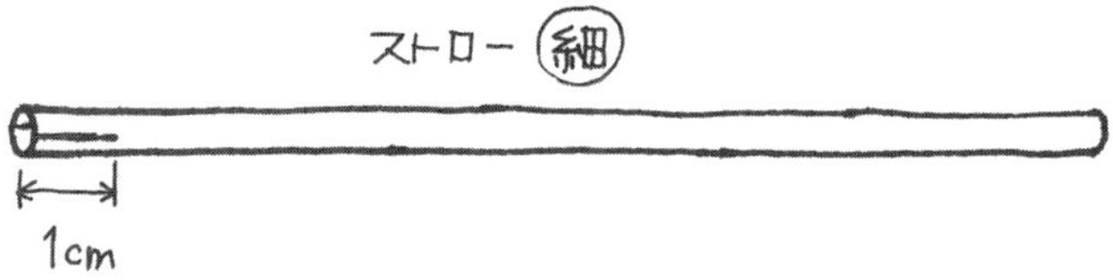

ストロー(細)
1cm

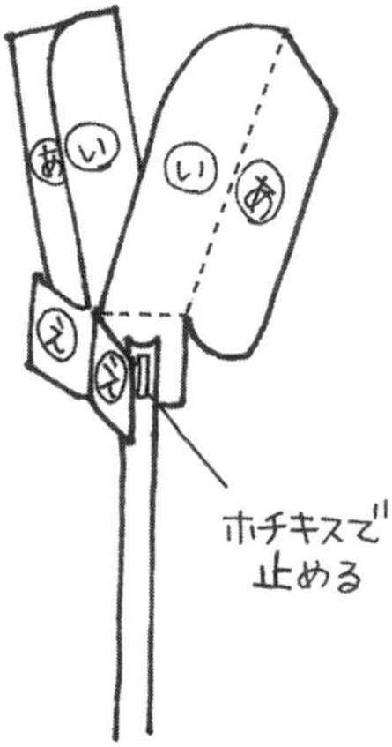

あ
い
え
ホチキスで
止める

❹ ストロー(太)を15センチに切り、10センチくらいの切り込みを入れ、先端を1.5センチ折り曲げる。❸のストロー(細)を通して、図のようにⒹの(い)部分にホチキスで止める。

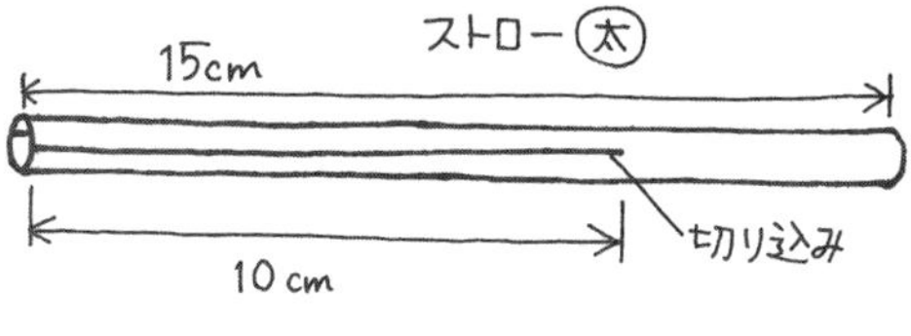

ストロー(太)
15cm
切り込み
10 cm

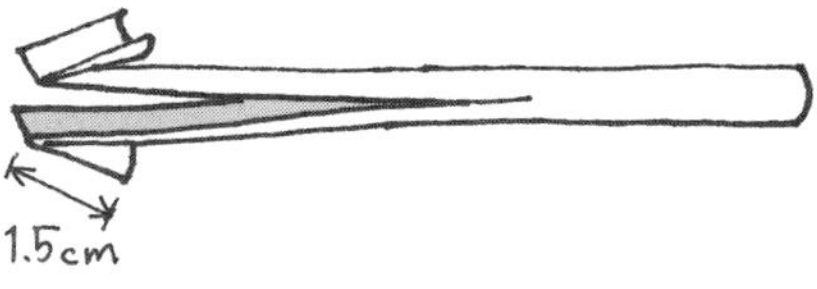

1.5cm

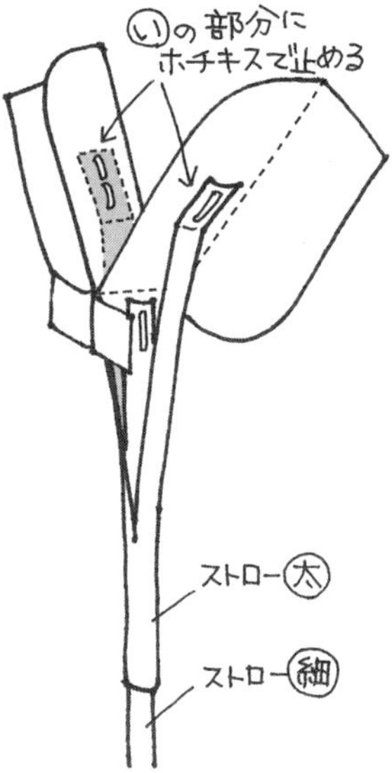

(い)の部分に
ホチキスで止める
ストロー(太)
ストロー(細)

❺ Ⓐ（桃）を1枚裏返して左右対称に置き、それぞれ点線部分を谷折りする。図のように❹のあ部分にボンドをつけて貼りつける。

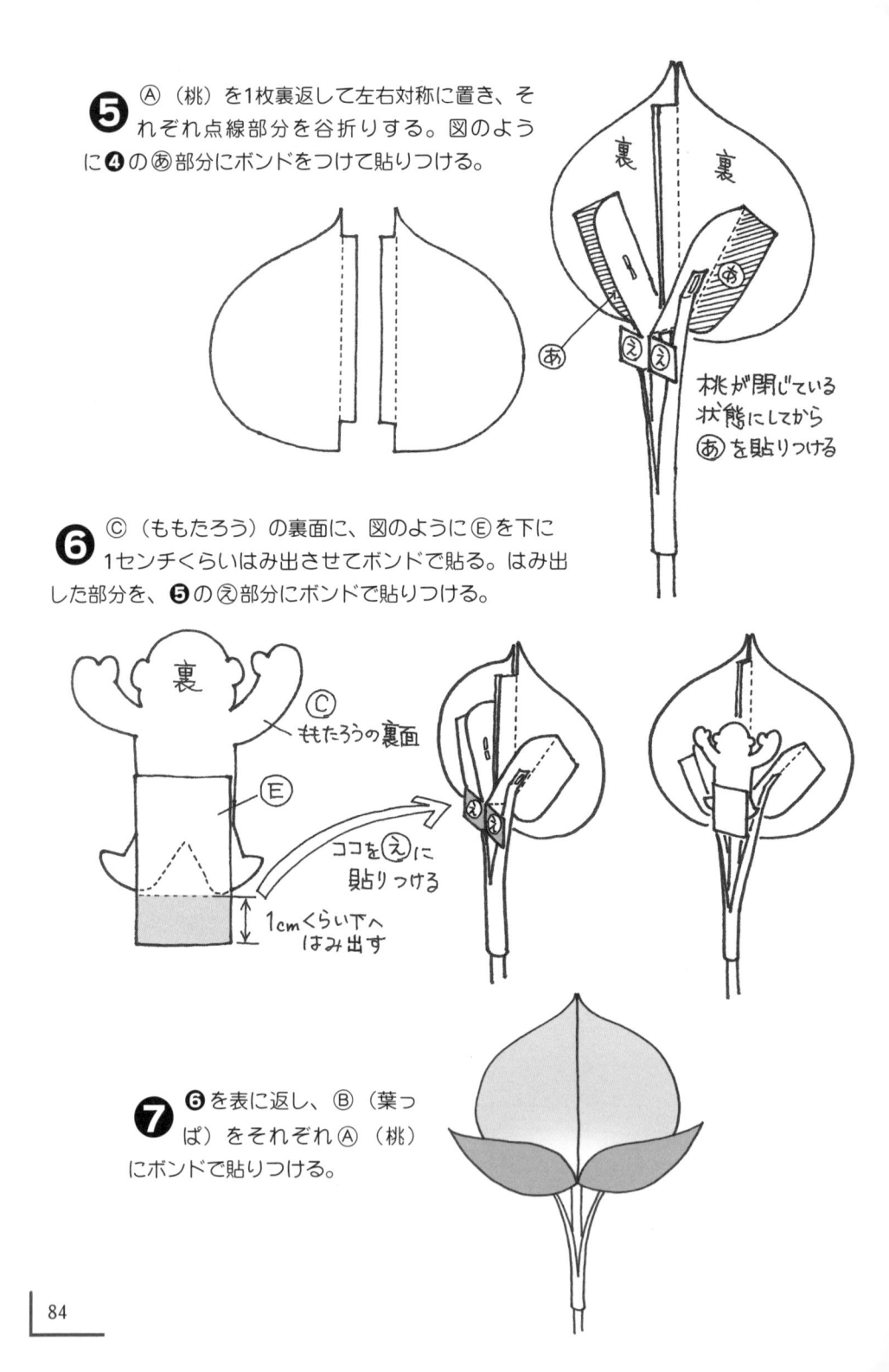

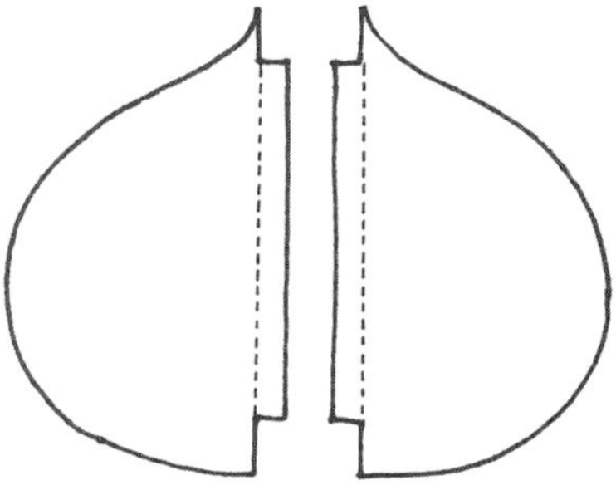

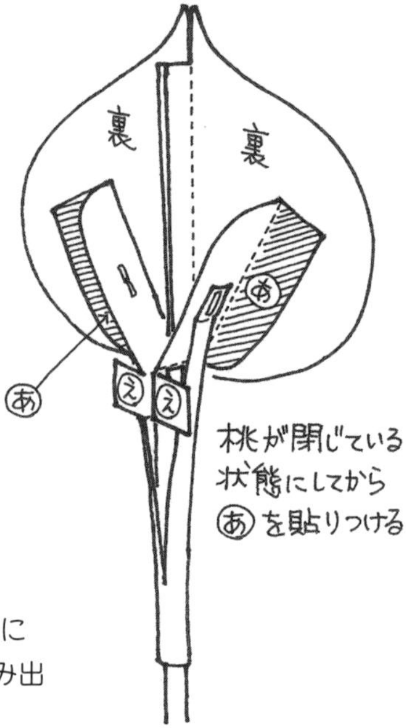
裏
裏
あ
あ
え
え
桃が閉じている
状態にしてから
あを貼りつける

❻ Ⓒ（ももたろう）の裏面に、図のようにⒺを下に1センチくらいはみ出させてボンドで貼る。はみ出した部分を、❺のえ部分にボンドで貼りつける。

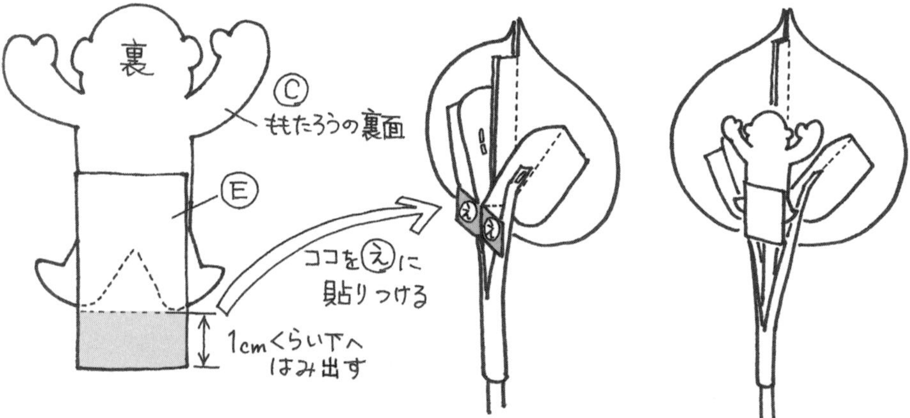
裏
Ⓒ
ももたろうの裏面
Ⓔ
1cmくらい下へ
はみ出す
ココをえに
貼りつける
え
え

❼ ❻を表に返し、Ⓑ（葉っぱ）をそれぞれⒶ（桃）にボンドで貼りつける。

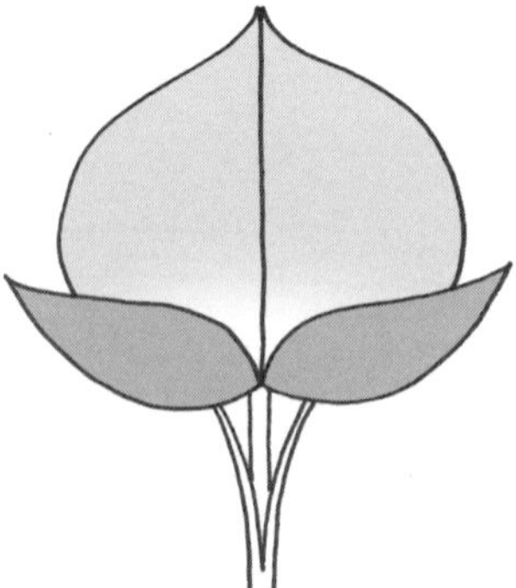

遊び方

桃太郎を知らない子どもには、「桃太郎」のお話をする前に、「桃から生まれた桃太郎さ〜ん」と言いながらパカッと開いたり閉じたり…。
また、みんなで「♪桃太郎」の歌を歌いながら、開いたり閉じたりして楽しく遊びましょう。

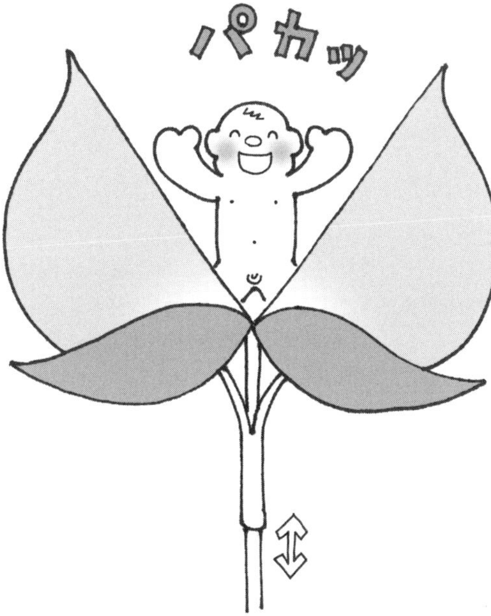
パカッ

桃太郎　　　　作詞不詳　岡野貞一・作曲

1.も も た ろう さん も も た ろう さん
2.や り ま しょ う や り ま しょ う
お こ し に つ け た き び だ ん ご
こ れ か ら お に の せ い ば つ に
ひ と つ わ た し に く だ さ い な
つ い て い く な ら や り ま しょ う

出版にあたって

仙台在住の私は、大学卒業後間もなく宮城県沖地震を体験、その30数年後・2011年に3.11の東日本大震災に遭いました。わが家の被害は前の宮城県沖地震の方が大きかったのですが、ショックの度合いは3.11の方が大きかったのです。津波による甚大な被害、原発爆発と放射能、そして私自身が年を取り、定職を失った現状を反映しているのでしょう。被災後はひたすら家族や友人・教え子の安否確認に追われ、「何日かしたら、きっとまわりの状況は良くなるはず」と自分に言い聞かせては、一日一日をなんとか過ごしていました。そんな先の見えない状況を変えてくださったのは、藤田浩子さんと奥村暁子さんでした。

たくさんの人から連絡をいただきましたが、おはなしおばさんこと藤田浩子さんと鳥取の友人・奥村暁子さんが、紙の手作りおもちゃ作りを依頼してきてくれたのです。私にとって、手作りおもちゃを作って人に喜んでもらえることは、心からの喜びなのです。藤田さんと奥村さんは、私が一番元気になる仕事を依頼してくださったのです。本当に、震災のことも時間も忘れるくらいに夢中でおもちゃを作りました。しかも、次々と約８ヶ月に渡って依頼してくださり、とうとうお正月も工作しているという嬉しい状況でした。さらに今回、藤田さんと一声社さんのお力を得て工作の本を出版するにいたったことに心から感謝いたします。

私は幼いころから人との出会いに恵まれました。何度失敗しても温かく見守ってもらえ、思いっきり遊んできたのです。おもしろいことを考えたり・したり、何か作ったりしたことをそのまま受け止めて共感してもらえました。それが今の私を支えています。ですから、私は子どもの行動を笑顔で見守り・共感することが大好きで、こちらからおもしろい手作りおもちゃを提供して子どもと一緒に喜びの世界を広げることが大好きです（もちろん、子どもの心を持っている大人とも)。ぜひみなさんも子どもの心を大切にして、人生を楽しんでくださいね。

最後に、藤田浩子さん・奥村暁子さん・一声社さんに重ねて感謝いたします。また、家族・谷合さん・小林さんをはじめ「きんとうん」の皆さん・近さん・智ちゃん・伊達さん・加藤さん・三戸さん・「子ども心・一直線」「ノーム通信」の会員のみなさんをはじめ、私の友人すべてと、この本を手にしてくださったみなさんに感謝します。これからもよろしくお願いします。

2012年5月　仙台市太白区　芳賀　哲

芳賀　哲（はが・さとる）
仙台市生まれ。仙台市職員として「しょうがい児施設」に23年・児童相談所を経て、仙台医療福祉専門学校で保育士を育てるかたわらパフォーマーとして独立。講演会・パフォーマンス公演、出張「工作教室」を開いている。ピエロ名＝まいてぃ・ノーム。

仙台・手づくりおもちゃ研究所
仙台市太白区郡山字谷地田東20-11　022（246）1705
http://www.geocities.jp/pierodensetu/
講演・パフォーマンス・工作教室の依頼、工作の商品ご注文は、上記までご連絡ください。

主な著書：『紙パックでつくる』『お父さん、あそぼ！』（以上、大月書店）、『ピエロがみつけた宝物』（之潮）

協力・**藤田浩子**
おはなしおばさん・幼児教育者・語り手。主な著書＝『おはなしおばさんの小道具　正・続』『おはなしおばさんシリーズ全6巻』『昔話に学ぶ知恵シリーズ全4巻』『おはなしの小道具セット全5巻』『おはなし小道具　おばけの森』『のびる絵本　ほしい』

JASRAC許諾番号1205092-201

作って・歌って・話して・あそぶ
おはなし小道具

2012年6月20日　第1版第1刷　発行

著　　者　芳賀　哲（はが・さとる）
協　　力　藤田浩子（ふじた・ひろこ）
イラスト　鈴木隆一
デザイン　（有）アートマン

発 行 者　米山　傑
発 行 所　株式会社一声社
東京都文京区本郷3-11-6 浅香ビル1F
電話03-3812-0281　FAX03-3812-0537
郵便振替00170-3-187618　URL http://www.isseisha.net
印　　刷　株式会社シナノ

ISBN978-4-87077-215-1 C0037 ©Haga Satoru 2012